叢書インテグラーレ 014

世界の高等教育の改革と教養教育
——フンボルトの悪夢

広島大学大学院総合科学研究科…編

青木利夫
平手友彦…責任編集

まえがき

　国立大学の法人化から始まって、到達度評価、業績の数値化、グローバル化のための目標設定、効率化係数。日本の高等教育はため息が出るほどの数値化と効率化の深い谷に突き落とされている。短期間で成果の出る研究に評価の主眼が置かれ、国立大学法人では人文・社会系の縮小や改革が迫られているが、そもそも教育に数値化や到達度評価はなじまない。研究は必ずしも短期的な成果が期待されるものばかりではないし、短い時間で生まれたものはすぐに忘れ去られることも少なくない。

　この数字の論理、言い換えれば経済による日本の高等教育の支配はいつから始まったのだろうか。日本の高等教育の変質を考える前にヨーロッパに目を向けると、日本の国立大学が法人化となる5年前の1999年、「ボローニャ・プロセス」が始まった。これは学生に自由な学修を充実させる目的で始められた「エラスムス計画」から生まれた教育改革でもあるが、この過程の中でヨーロッパの高等教育はグローバル化の波と「知識基盤経済」の名のもとで動脈硬化をきたす。「知識」は経済原理の中に組み込まれ、やがてこの病は日本の高等教育にも「産学協同」を超えて広がるのである。

　しかし、日本において「知識」の軽視は高等教育に限ったものではない。子どものような宰相が憲法違反と指摘される法案を強引に成立させたり、歴史を見ない人が短い煽情的なことばで隣人を傷つける。これらは反知性主義の現れであり、知の蓄積を拒絶する行為である。

　加えて、スクリーンで読み書きを始めるようになった私たちの思考にも変化が生じつつある。携帯電話やスマートフォンでスクリーンがさらに小さくなると、短く印象的なテクストに慣れてしまい、

知識を積み上げて自らじっくり考えて意見を述べることを疎ましく思うようになる。日常の思考において知識の断片化が進んでいるのかもしれない。

教養教育は「広い知識」の教育ともいえるが、日本の高等教育ではヨーロッパの「自由学芸七科」の伝統とアメリカ合衆国の「リベラル・アーツ」の流れを受けながら初年次教育として大学教育に組み込まれた。しばらく前からこの教養教育の空洞化や形骸化が叫ばれ、とりわけ大綱化（1991 年）で一般教育と専門教育の区別や一般教育の科目区分が廃止されると、今度は教養教育の意義が問われるようになった。

このような状況を受けて、広島大学大学院総合科学研究科の教養教育研究開発プロジェクト（21 世紀科学プロジェクト群）では、研究課題を「『教養教育』の進化と構造——日本及び諸外国における教養教育の歴史と現在の問題」として、高等教育の「改革」が世界でどのように進行しているのかを 5 年間かけて調査研究した。本書はその調査や研究会で発表された内容を書き改めたものである。

第 1 部は、教養教育が生まれたヨーロッパでの教養教育の進化過程を念頭におきながら、「教養教育」の源となる「自由学芸七科」を築いたヨーロッパ（ドイツ、オーストリア、フランス）で進みつつある高等教育の改革「ボローニャ・プロセス」を具体的に論じ、この流れとは別の進化を遂げたロシアの教養教育を考察する。第 2 部では、もう一方の極である「リベラル・アーツ」の伝統を持つアメリカ合衆国の教養教育の歴史と現在、そして、その隣国メキシコでの高等教育の現状をみる。最後の第 3 部では、ヨーロッパとアメリカ合衆国による植民地化を経たアジア諸国、フィリピンや台湾、そして日本が現在直面する高等教育の諸問題を論じる。

各章の執筆者はいずれも広島大学で教養教育を担った教員であり、その専門性を生かしながら研究対象とする国や地域での高等教育の改革を調査した。教養教育の実際と専門研究の両者を体現した

執筆陣による論考の集成という意味でも本書の意義は大きい。

　ヴィルヘルム・フォン・フンボルトは自由に研究を進めて批判的思考を養う学徒の大学を夢見たが、そのような教養を志向した大学は今やその姿を大きく変えようとしている。本書を繙けば、それが日本に限ったことではなく世界各地の大学で起きていることを理解していただくことができるであろう。本書が高等教育と教養教育の現在を考えるきっかけになってくれれば幸いである。

　2015 年 12 月

編者を代表して

平 手 友 彦

目　　次

まえがき　iii

【第 1 部】

第 1 章　エラスムス計画からボローニャ・プロセスあるいはエラスミスム
——知識基盤経済の中の高等教育　2

1　エラスムス計画からボローニャ・プロセスへ ………………… 2
2　「知識基盤経済」確立のためのヨーロッパの変質 ………… 7
3　エラスムスとエラスミスム ………………………………… 10

第 2 章　フンボルトの悪夢？
——ボローニャ・プロセスとドイツにおける大学教育改革　14

1　ドイツにおけるボローニャ・プロセス ………………… 15
2　フライブルグ大学における改革 ………………………… 18
3　改革の長期的評価 ………………………………………… 22

第 3 章　オーストリアの大学改革
——ボローニャ・プロセスによるカリキュラム改革　28

1　戦後オーストリアの大学改革 ………………………… 28
2　ボローニャ宣言と 2000 年以降の大学改革 ………………… 32
3　入門オリエンテーション段階（StEOP）の導入 ………… 34
4　StEOP の実情と評価 ………………………………… 35

第4章　ボローニャ・プロセスとフランスの大学改革　39

1　フランスにおける「大学」とその歴史的背景 ……………… 40
2　LMD 改革と一般教養 ……………………………………… 42
3　LRU 法（大学の自由と責任に関わる法律）と抗議運動 …… 46
4　統合と連携──「研究・高等教育拠点」（PRES）から「大学・高等教育機関共同体」（COMUE）へ ……………………… 49

第5章　転換期にあるロシアの大学と教養教育
──モスクワ国立大学と極東連邦大学　53

1　学術体制・高等教育改革の嵐 ……………………………… 53
2　モスクワ国立大学 ………………………………………… 56
3　極東連邦大学 ……………………………………………… 58
4　カザンにて──おわりに ………………………………… 62

【第2部】

第6章　アメリカ合衆国の教養教育の歴史的展開の一断面
──19世紀後半から20世紀前半のハーバード大学を事例として　66

1　19世紀後半から20世紀前半のハーバード大学 …………… 67
2　エリオットによる自由選択科目制 ………………………… 68
3　変化への胎動 ……………………………………………… 70
4　ローウェルによる「集中-配分」方式 …………………… 71
5　「集中-配分」方式を支えた理念 ………………………… 72

第7章　カリフォルニア州立大学における一般教育カリキュラム　76

1　CSUの一般教育カリキュラムの編成基準……………………78

2　サンフランシスコ州立大学（SF State）の事例……………82

第8章　米国のリベラル・アーツ・カレッジの変容
——マウント・ホリヨーク大学のカリキュラム　87

1　カリキュラムの変化……………………………………………89

2　授業料の推移……………………………………………………94

第9章　メキシコの高等教育改革
——「新自由主義」と「グローバリズム」の波にもまれて　99

1　高等教育に対する評価制度の導入……………………………100

2　グローバル化と大学改革………………………………………103

3　高等教育機関は誰のものか……………………………………106

【第3部】

第10章　ネーション・ビルディングと一般教育
——フィリピン大学における一般教育プログラムの導入と改革　112

1　1950年代の一般教育プログラムの導入………………………114

2　「再活性化された一般教育プログラム」——2000年代の教養改革……………………………………………………………117

第11章 台湾の大学通識教育について
——国立政治大学「通識教育中心」の活動を中心に 125

1 「通識」と「通識教育中心」……………………………… 125
2 国立政治大学と通識教育中心の活動………………………… 129
3 国立政治大学の通識教育と漢語圏社会で求められる古典的素
養 ………………………………………………………… 134

第12章 読書指導と教養教育
——広島大学の取組みを中心に 137

1 『大学新入生に薦める101冊の本』の成立 ………………… 138
2 『101冊の本』のリニューアル ……………………………… 141
3 「広大生のための123冊」読書コーナーの開設 ………… 143
4 「名著との対話」の提唱………………………………………… 144
5 東京大学の66冊 ………………………………………………… 145
6 読書調査の結果が教えてくれるもの——むすびにかえて‥ 146

第13章 日本の国立大学における教養教育の現状について考えること 151

1 商品交換の関係……………………………………………… 152
2 グローバル資本主義と教育 ……………………………… 155
3 国家の行方と教育………………………………………… 158

あとがき 165
編者・執筆者紹介 167

第 1 部

第1章

エラスムス計画から
ボローニャ・プロセスあるいはエラスミスム
——知識基盤経済の中の高等教育

平手友彦

　日本の高等教育は数値化と効率化という経済によって支配されつつある。その日本の現状を考える前に、まずヨーロッパの高等教育の「改革」といわれる「ボローニャ・プロセス」を取り上げる。1999 年の「ボローニャ宣言」から始まる「改革」過程で、ヨーロッパの高等教育はグローバル化の波と「知識基盤経済」の名のもと、徐々に動脈硬化をきたしていく。それはまるで現在の日本の高等教育の変質を先取りしているかのようである。

1　エラスムス計画からボローニャ・プロセスへ

　1976 年に始められた多国間交流プログラム「ジョイント・スタディ・プログラム」Joint Study Programmes[1] を受けて、欧州委員会は EU（欧州連合）の学生の留学支援として短期交換留学制度「エラスムス計画」を始めた。中世末からルネサンス初頭にかけてヨーロッパ各地を「遍歴」した知識人デシデリウス・エラスムス Desiderius Erasmus の名を借りているが、その正式名称は「大学

1　最長 1 年の学生・教員交流を行う学部のネットワークに助成金を与え、移動する学生にも何らかの財政的支援をすることを目的とした多国間高等教育協力プログラム（吉川裕美子「ヨーロッパ統合と高等教育政策——エラスムス・プログラムからボローニャ・プロセスへ」『学位研究』17 号、69-90、2003）。

生の移動のための欧州委員会行動計画」European Community Action Scheme for the Mobility of University Students で、頭文字を取ってやや強引に「エラスムス」ErASMUS にしたと言えなくもない。

エラスムス計画は、EU 内の大学に在籍する学生が他のヨーロッパ諸国に移動して、一定期間（3 〜 12 か月）学修できるように支援する制度である。大学に入学して 1 年を経た学生であれば誰でも参加資格が得られるが、在学する大学・学部と留学先との間で協定が結ばれていることが前提となる。1987 年の開始当初は 11 か国 3,244 人の学生の参加があったが、その後の 25 年間で 270 万人を超える学生と 52,000 人の教職員、33 か国の 4,000 を超える高等教育機関が参加するまでに成長した[2]。

この計画はヨーロッパという陸続きの利点を使って大学生に自由で多様な学修を可能にさせたという意味で大きな役割を果たした。16 世紀の「旅する人」エラスムスが各地を転々として写本を収集し、学問を授け、イギリスを含むヨーロッパ全土に大きな影響を与えたことに似ていなくもない。しかし、エラスムス計画が進むと問題点が明らかになる。単位互換や質保証、各大学での一貫した政策の必要性など、EU という枠組みの中で計画を拡大し、充実させようとすればするほど共通のレベル確定と質の保証が必要となるからである。また、それらを一旦確立すれば、今度はヨーロッパ外との差異化、すなわちヨーロッパの優位性をアピールしなければならな

2　独立行政法人大学評価・学位授与機構「国際連携・調査事業」(http://www.niad.ac.jp/n_kokusai/block2/1191501_1952.html)。エラスムス計画に関しては詳細なデータが欧州委員会から公表されている。最新の調査によると（2012-13 年）、エラスムス計画を使う約 6 割は女子学生で、平均年齢は 22 歳。平均渡航期間が 6 か月ということもあって、学部のレベルが 69％と最も多く、大学院の修士課程は 29％、博士課程は 1％と少ない。送り出し（マドリッド大学 1,929 人）と受け入れ（グラナダ大学 1,959 人）機関はいずれもスペインが多く、渡航学生数でもスペインがトップで 2013 年は 39,249 人であった（フランス 35,311 人、ドイツ 34,891 人、イタリア 25,805 人と続いて総数は 268,143 人）(http://ec.europa.eu/education/tools/statistics_en.htm#erasmus)。

い。要するに、ヨーロッパ内部での団結はヨーロッパ外部の意識化につながって「競争」が生まれる。

エラスムス計画はやがて「ソクラテス計画」に組み込まれ、学生や教員の移動に一層力が入れられるようになる。他方、1998年にはヨーロッパの優位性を確保すべく、EU内外の大学間の流動性も促進しながら高等教育の質を維持・活性化する目的で「ソルボンヌ宣言」Sorbonne Declaration（ヨーロッパの高等教育制度の構造の調和に関する共同宣言）が仏英独伊の教育大臣の間で採択された[3]。ここでは、ヨーロッパ共通の学位システムの確立、資格の相互承認、そして「欧州高等教育圏」European Higher Education Areaの調和を確立して雇用の可能性を促進することが確認された。宣言に「雇用の促進」facilitating student mobility as well as employabilityが入ったことは重要で、ここに産業活性化の積極的意図を読み取ることができる。

続いて翌年6月には「ボローニャ宣言」The Bologna Declarationが採択される。宣言はソルボンヌのそれよりも拡大され、EU15か国に留まらず、29か国が採択した。ボローニャ宣言ではヨーロッパの高等教育の「国際的競争力」の増強とヨーロッパの持つ卓越した文化的科学的伝統に相応しい高等教育の魅力を世界的規模に拡大するという目的が明言されている[4]。これはEUの高等教育の国際競争力に対する危機感の現れであり、ヨーロッパ内での団結とヨーロッパの優位性、すなわち「ヨーロッパの次元」European

---

3　Sorbonne Joint Declaration: Joint declaration on harmonisation of the architecture of the European higher education system（http://www.ehea.info/Uploads/Declarations/SORBONNE_DECLARATION1.pdf）

4　The Bologna Declaration of 19 June 1999: "We must in particular look at the objective of increasing the international competitiveness of the European system of higher education. (...) We need to ensure that the European higher education system acquires a world-wide degree of attraction equal to our extraordinary cultural and scientific traditions."（http://www.ehea.info/Uploads/Declarations/BOLOGNA_DECLARATION1.pdf）

dimensions を確立するためには 1 つの国の枠を超えた「超国家教育」transnational education[5] が必要となることを意味する。そこで、2010 年までに「欧州高等教育圏」の確立に向けて具体的に次の課題が設定された。

- 分かりやすく比較が可能な学位制度と学位・資格の学修内容を示した「ディプロマ・サプリメント」Diploma Supplement を導入する
- 学修構造は「学士課程」undergraduate と「大学院課程」graduate の 2 段階とし、学士の修業年限を最低 3 年、大学院課程は「修士」master と「博士」doctorate とする
- 単位制度（「欧州単位互換制度」European Credit Transfer System）を確立して、生涯教育などでも適用できるようにする
- 学生と教職員の移動をさらに促進する
- 欧州共通の質保証を促進する
- 国際的に通用する高等教育のヨーロッパ的特質を促進する

これらの課題を実現していく過程が「ボローニャ・プロセス」Bologna Process である。2001 年から 2 年ごとに大臣会合を開催し、改革の進捗状況の把握や活動方針の追加が行われ、会議ごとに共同声明（コミュニケ）が発表される。参加国も EU の枠組みを超えて徐々に広がり、2010 年のブダペスト・ウィーン宣言以降はカザフスタンも加わって参加国は 47 か国に上る[6]。

---

5 吉川裕美子、前掲論文、p.82
6 2001 年プラハ・コミュニケ「欧州高等教育圏の確立にむけて」はキプロス、クロアチア、トルコ、リヒテンシュタインの 4 か国が参加して 33 か国、2003 年ベルリン・コミュニケ「欧州高等教育圏の実現を目指して」は旧ユーゴスラヴィア諸国を含む 40 か国、2005 年ベルゲン・コミュニケ「欧州高等教育圏構築の目標達成に向けて」にはアルメニア、アゼルバイジャン、グルジア、モルドバ、ウクライナの 5 か国が加わって 45 か国、2007 年ロンドン・コミュニケ

この過程の中で特に注目すべきは、2003 年のベルリン・コミュニケ「欧州高等教育圏の実現を目指して」であろう。2000 年の「リスボン戦略」Lisbon Strategy を受けて、ヨーロッパを世界で最も競争力のある「知識基盤経済」knowledge-based economy にする目標が掲げられたからである[7]。リスボン戦略はヨーロッパを世界で最も競争力のある知識基盤経済に発展させるために欧州理事会が採択した。必ずしも高等教育のみに限定されたものではなく、将来の情報化社会を見据え、競争力強化と技術革新を行うための構造改革を実行し、知識基盤経済を通じてヨーロッパ市場を活性化し人への投資を行おうとする成長戦略である[8]。このリスボン戦略が念頭に置かれたベルリン・コミュニケでは、これまでのボローニャ・プロセスが達成目標としてきたヨーロッパレベルでの質保証、学位・学修制度や単位互換などの確立が知識基盤経済の構築に組み込まれていく。2 年後のベルゲン・コミュニケ「欧州高等教育圏構築の目標達成に向けて」では、「欧州高等教育圏における質保証の基準とガイドライン」Standards and Guidelines for Quality Assurance in the European Higher Education Area が採択されて、各国はこの実現に向けて努力が求められた。そして、続く 2007 年のロンドン・コミュニケ「グローバル環境における欧州高等教育圏に向かっ

「グローバル環境における欧州高等教育圏」はモンテネグロが加盟して参加国は 46 か国、2009 年ルーヴァン・コミュニケ「ボローニャ・プロセス 2020 年：欧州高等教育圏の新たな 10 年」も 46 か国であった。

7　Berlin Communiqué: "Ministers take into due consideration the conclusions of the European Councils in Lisbon（2000）and Barcelona（2002）aimed at making Europe "the most competitive and dynamic knowledge-based economy in the world, capable of sustainable economic growth with more and better jobs and greater social cohesion" and calling for further action and closer co-operation in the context of the Bologna Process."（http://www.ehea.info/Uploads/Declarations/Berlin_Communique1.pdf）

8　大場淳「知識基盤社会と大学教育——欧州における取組から」『知識基盤社会と大学・大学院改革』広島大学高等教育研究開発センター編、pp.39-65、2011

て」では、宣言そのものにも「グローバル環境」globalised world が入り、今後 2 年間の優先すべき取組みとして、学生・教員の流動性の向上だけではなく、社会における高等教育の役割、データの収集、卒業生の就業力強化などが設定され、それらの進捗状況の把握などが必要とされた[9]。ヨーロッパが目指す知識基盤経済の名のもと、高等教育は競争と市場原理の波にのみ込まれていく。

2 「知識基盤経済」確立のためのヨーロッパの変質

　このように外部に対してヨーロッパの優位性を主張しようとしたとき、ヨーロッパ内部の「団結」はどうなったであろうか。2006 年の欧州委員会では「大学の改革課題への取り組み：教育・研究・技術革新」が掲げられ、ヨーロッパ内の大学はリスボン戦略に全面的に貢献するため、流動性の拡大は言うに及ばず、説明責任、産業界との連携、労働市場への技能と資質能力の提供、社会との相互作用を通じた知識の活性化などが取り組むべき課題とされた[10]。すでに 2002 年の時点で、欧州閣僚理事会と欧州委員会は「ヨーロッパにおける教育訓練制度の目標履行確認に関する詳細作業計画」を取りまとめて教育訓練をリスボン戦略の最優先領域の 1 つと位置付け、翌年にはヨーロッパ全体の教育訓練の平均達成度に関する「参照水準」reference level を採用していた。例えば、2010 年までに理系と 30 〜 34 歳の高等教育学位保持者を 15％以上、2020 年までに生涯教育参加を 15％以上として、その達成度を公表している（図 1-1）[11]。目標値が設定されると、各国のそれに対する達成度が数

9　London Communiqué（http://www.ehea.info/Uploads/Declarations/London_Communique18May2007.pdf）
10　Delivering on the modernisation agenda for universities: education, research and innovation（http://eur-lex.europa.eu/LexUriServ/LexUriServ.do?uri=COM:2006:0208:FIN:en:PDF）
11　COMMISSION STAFF WORKING DOCUMENT Progress towards the common European objectives in education and training（2010/2011）Indica-

値化され、目標に対して著しく達成度が低い場合は必要に応じて改善勧告が行われる。「遅れた国」とならないためにはみずから目標達成の努力を行わざるを得ない。これは「大学世界ランキング」などで踊らされている日本の大学でも見慣れた光景である。

そもそもこのような目標設定の方策は、「開放型協調手法（あるいは「公開調整方法」）」Open method coordination と呼ばれるものであって、EU 創設を定めた 1992 年の欧州連合条約（「マーストリヒト条約」Maastricht Treaty）で確認されていた「補完性原理（あるいは「実権配分」）」subsidiarity とは相容れないはずのものであった[12]。補完性原理は構成国一国では効果的になし得ない措置について EU が行うというもので、マーストリヒト条約では「文化と言語の多様性と同様に教授内容および教育制度組織については構成国の責任を十分に尊重する」（第 126 条）[13] とされていた。一律に目標を設定してしまえば、各国の「多様性」を否定しかねない。あくまでも EU は連合であって、各国の目標はそれぞれが決めればよいという考え方に立っていた。ところが、リスボン戦略以降は、高等教育における EU の役割が大幅に拡大されたために、補完性原理を捨てて EU 加盟国の国内政策を優先する開放型協調手法を取ることになる。本来であれば、「多様性」尊重のために政策統合が困難であったはずの高等教育を、グローバル化への対応のために EU 協調行動の枠組みの中に組み込み、「競争」を加速させた

---

tors and benchmark（http://ec.europa.eu/danmark/documents/alle_emner/information/110419_rapport_uddannelsesmaal_sek_en.pdf）

12　大場淳、前掲論文、pp.45-46

13　"La Communauté contribue au développement d'une éducation de qualité en encourageant la coopération entre États membres et, si nécessaire, en appuyant et en complétant leur action tout en respectant pleinement la responsabilité des États membres pour le contenu de l'enseignement et l'organisation du système éducatif ainsi que leur diversité culturelle et linguistique"（Traité sur l'Union européenne signé à Maastricht le 7 février 1992, article 126　http://www.cvce.eu/obj/traite_sur_l_union_europeenne_maastricht_7_fevrier_1992-fr-2c2f2b85-14bb-4488-9ded-13f3cd04de05.html）

	2010年EU目標	最も高い業績のEU加盟国			EU	USA	Japan
1,000人あたりの数理工系学卒者数	2010年までに15%以上の増加	2000～2008年の年平均増加率					
		Portugal +14.4%	Slovakia +14.0%	Czech Rep. +11.6%	+4.0%	+1.9%	-1.2%
		2007年度20～29歳の1,000人あたりの数理工系学卒者数					
		France 20.5	Finland 18.8	Ireland 18.7	13.4	10.1	14.4
		2008年度女性数理工系学卒者割合					
		Luxembourg 48.2	Romania 43.1	Estonia 42.1	32.6	30.9	14.4
30～34歳の高等教育修了者	2010年までに12.5%以上、2020年までに15%以上	2009年度					
		Ireland 49.0	Denmark 48.1	Luxembourg 46.6 (p)	32.3 Aged 25-34: 29	Aged 25-34: 39	Aged 25-34: 54
25～64歳の生涯教育参加者		2009年度					
		Denmark 31.6	Sweden 22.2	Finland 22.1	9.3	.	.

図 1-1　高等・生涯教育における優秀国一覧

のである。ボローニャ・プロセスの中で EU は大きく転換した。

　また、ヨーロッパの高等教育はグローバル化の波にのまれると、市場競争原理が働くアメリカ型に移行していく[14]。エラスムス計画が促したように、ヨーロッパでは伝統的に学生は中世の時代から各地を遍歴して自由に学びながら真理を探究し、その結果として高等教育修了資格を得ていた。授業料無償の伝統もあって大学間格差が少ないことから、ヨーロッパではどの学位を持っているかという「資格」が優先されてきたのだ。他方、私立大学の多いアメリカでは大学間の競争が激しく、資格よりもどの大学を出たかが重きをなす。ヨーロッパ内部の高等教育がヨーロッパ外部との競争に挑み出てグローバル化の中に身を置くことは、おのずからアメリカ型に挑戦することを意味するだろう。加えて、「単位互換制度」も、元々

14　木戸裕「ヨーロッパの高等教育改革──ボローニャ・プロセスを中心にして」『レファレンス』2005 年 11 月号、特に 96-98 頁。

ヨーロッパにはなかった「単位」credit という考え方による学修の枠と質保証を図ったものであって、これもアメリカ型への移行を強めるものであった[15]。

　以上のように知識基盤経済を確立することは、ヴィルヘルム・フォン・フンボルトが夢み、ヨーロッパみずからが培ってきた、「大学は真理探究の自由な学修の場である」という理念よりも、グローバル化の中で経済発展を遂げることを優先し、市場と競争原理にヨーロッパの高等教育を押し込むことを意味した。経済活動の基盤となる人間の知識を豊かにすることよりもむしろ、経済活動を活性化するために知識を得た人間をできるだけ有効に利用したいという思惑といえる。知の生産は経済に従属したのである[16]。

3　エラスムスとエラスミスム

　かくして自由な学修を拡大するはずであった「エラスムス計画」から「ボローニャ・プロセス」に至る道筋は、「リスボン戦略」以降、ヨーロッパの「知識基盤経済」に取り込まれ、高等教育は真理の探究よりはむしろ経済優先の道を進む。ボローニャ・プロセスは図らずも知の生産が経済にのみ込まれる過程であり、これはそのまま日本の現在にも当てはまる。ヨーロッパのような拠り所となる自由学芸七科の伝統もなく、多言語主義を原則とする EU とは違って英語によるグローバル化に抗う術を充分に持ち合わせていない無

15　アメリカ型に移行することは、使用言語の問題、すなわち英語中心主義の問題も、多言語主義を原則とする EU の高等教育において重要な課題であるが、ここでは充分に論じる余裕がない。

16　「学問の人間は経済の人間の枠でつくられる」homo academicus doit se calquer sur l'homo oeconomicus (C. Lorenz, "«L'économie de la connaissance», le nouveau management public et les politiques de l'enseignement supérieur dans l'Union européenne", Espaces Temps.net, Travaux, 12.07.2010　http://www.espacestemps.net/articles/economie-de-la-connaissance/)

防備な日本の高等教育の場合はさらに深刻である。

　この一度転がり始めた坂道を逆に登ることは難しい。私たちはどのように向き合えばよいのだろうか。ここで、今一度、エラスムスに戻りたい。エラスムス計画ではなく、この計画に名が与えられたデシデリウス・エラスムスにである。

　1469 年にオランダのロッテルダムで私生児として生まれたエラスムスは、当時の「国際語」であるラテン語で著作を続け、日本でも『格言集』(1500 年)、『痴愚神礼讃』(1511 年)、『対話集』(1518 年) や膨大な数の書簡 (彼が書いたと思われる 20,000 の書簡のうち 3,000 点が現存) などで知られている。エラスムスの教育論には、高等教育に直接触れたものはないものの、「エンキリディオン」*Enchiridion* と呼ばれる君主教育論『キリスト教徒兵士提要』(1504 年) や礼儀作法書と並んで、『子どもの教育について』(1529 年) がある。ここでエラスムスは、「人間は生まれるのではなく人間になるのである」として、人間が至福に至るために「学習」ratio がいかに重要であるかを論じ、同時に、教師の役割や古典研究の教育への応用などを語る。そして「学習」において何よりも注意すべきこととして、「本当のところ知識は無限の利益をもたらすはずだが、万一、この知識が美徳に結び付いていなければ、良きことよりも悪しきことを多くもたらす」とした[17]。知識が経済に従属したボローニャ・プロセスの「改革」とどれほどかけ離れていることだろうか。

　エラスムスは 16 世紀初頭の宗教改革の時代に、福音主義に共鳴しつつもカトリックに留まり、ルター派とカトリック双方から批判を受ける。相対主義を取ったことで攻撃されたのである。彼の精神的態度は「エラスミスム」erasmisme と呼ばれるが、相対主義を取ったがためにこの態度を客観的すぎる (「純粋客観」) とか臆病者

17　平手友彦「Gargantua の教育と Erasmus の *Declamatio De Pueris Statim Ac Liberaliter Instituendis*」『岡山大学独仏文学研究』第 9 号、117-138、1990

第 1 章　エラスムス計画からボローニャ・プロセスあるいはエラスミスム　　11

図1-2 バーゼル大聖堂内のエラスムスの墓碑

として批判されることがある一方で、エラスミスムは寛容な良心的態度として賛美されることもあった。フランス文学者の渡辺一夫は、エラスムスのこの精神的態度から、人間を豊かにするはずの宗教で人々が殺し合うことを「それが宗教とどのように関係あるのか」、人間を豊かにするさまざまな仕組みや道具が逆に人間を不幸にしていく様から「それが人間とどう関係があるのか」と絶えず問い直した[18]。私たちがこの「エラスミスム」から学ぶとすれば、「知識基盤経済」という動脈硬化に陥っているヨーロッパ、そして日本の高等教育の現状を見て、「それが教育とどう関わりがあるのか」と問い続けることではないだろうか。

　エラスムスは1536年にバーゼルの地で亡くなる。バーゼルはドイツとフランスの国境に接したスイスの街で、いわばヨーロッパの中心と言ってもよい。エラスムスの亡骸は今もバーゼル大聖堂の西側廊に静かに眠っているが、遍歴の「知識人」はどんな思いで私たちの行いを見ていることだろうか（図1-2）。

18　例えば、渡辺一夫『ヒューマニズム考——人間であること』講談社現代新書、1973

【参考文献】

大場淳「ボローニャ・プロセスとフランスにおける高等教育質保証——高等教育の市場化と大学の自律性拡大の中で」『大学論集』39 集、33-54、2008

岡山茂「ボローニャ・プロセスと『大学の歴史』アレゼールからの批判と提言」『現代思想』「特集 大学の未来」37-14、115-125、2009

エウジェニオ・ガレン著・近藤恒一訳『ヨーロッパの教育』サイマル出版会、1974

沓掛良彦『エラスムス——人文主義の王者』岩波書店、2014

The European Higher Education Area（EHEA） http://www.ehea.info

第2章

フンボルトの悪夢？
── ボローニャ・プロセスとドイツにおける大学教育改革

フンク　カロリン

はじめに

　1999年にイタリアのボローニャにヨーロッパ内29か国の文部大臣が集まった。ここで出された「ボローニャ宣言」によりヨーロッパにおける大学改革に拍車がかかることとなった。この一連の大学改革である「ボローニャ・プロセス」には、現在、ヨーロッパ内47か国が参加している。

　ボローニャ宣言の中心である学生や教員の自由移動、ヨーロッパ内の高等教育資格の共通化に対する異論が少ない一方、この改革が意図する大学教育の市場経済化や、伝統的なヨーロッパの大学制度の組織と哲学の完全な逆転などを批判する声は多い。また、ボローニャ宣言の内容自体はかなり限られたものだったのだが、この改革をきっかけに、各国でより広い大学改革が進められたため、「ボローニャ宣言」の評価と、「高等教育制度の改革」の評価が入り交じっていることも事実である。改革前の制度の違いも関わり、各国においてボローニャ・プロセスとそれに基づく高等教育改革は異なっている。

　本章では特に変動が大きかったドイツを事例に、ボローニャ宣言から起こった変容を、宣言で求められている内容と比較し、その矛盾と成果について分析した。分析には洋書・和書の先行研究や、欧

州連合、ドイツ大学長会議、ドイツ学生自治会連盟、教育研究職員組合が発表している資料を利用する。また、社会における評価の検討には週刊誌 *Die ZEIT* などを参考にした。資料分析のほかに、事例にバーデン・ヴュルテンベルク州に位置する総合大学であるフライブルク大学を選び、大学で実際に改革に関わっている教職員の聞き取り調査を行った（2009 年）。このような分析を踏まえて、改革の長期的な評価を試したい。

1 ドイツにおけるボローニャ・プロセス

　1999 年当時、ドイツの大学構造はボローニャ宣言が目指している構造とはほど遠い存在であった。もちろん、フンボルトが思い描いていた、自由に研究を進めながら批判的な精神を磨くような大学教育からもすでに離れていた。必要単位数と試験が少なく、学生の発表とその内容を巡る学生同士の議論を重視する演習を中心とした履修は卒業まで 5 年以上かかっていた。学生の高い自己管理能力を前提とした上に、その期間の学費と生活費を考えると、限られた社会層にしか開かれていなかったといえよう。ドイツの高等教育を巡る議論は第二次世界大戦後このような「エリートのための教育」と「大衆のための教育」という発想の間に揺れたが、1970 年代からは後者に傾いた。授業料が完全に廃止され、大衆大学を目指した学生向け補助金が拡大され、さらに一部の州で履修計画が細かく設定されるなどの改革により学生人数が増加したが、それでもドイツの進学率は 34％に留まり、先進国のなかではかなり低かった。

　高等学校卒業資格（Abitur）の獲得で大学入学の権利が得られるが、一部の分野では入学制限が設けられ、優秀な成績が入学条件となっている。大学で最初に得られる学位は修士、国家試験に基づく高等学校指導資格、ディプローム（Diplom）という科学技術科目の学位のいずれかであったため、学位を獲得するまで大学では最低 5 年、専門大学では 4 年かかっていた。ドイツの地方分権制度

のなかでは、高等教育に関する決定権の多くを連邦政府ではなく州が持っているため、高等教育の制度は州により異なっている。

　以前から、学位取得までの期間が長い上に学生に対する指導が不足していたため大学を中退する学生が多い点や、得られた学位が実際の仕事につながらない点など、さまざまな問題点が指摘されていた。そこでボローニャ・プロセスをきっかけに、高等教育の3段階構造への改造や単位の互換制度の導入、教員雇用制度の変化、優秀大学の選出と優先的予算配分、州文部省が任命する外部理事中心の大学理事会の設置などさまざまな政策が進められた。同時に、各大学の独立性が強化され、学生の決定参加もある程度制度化された。このような根本的な改革が可能となった背景にはボローニャ・プロセスによる裏付けのほかに以下のような要因が働いた。まず、教育を巡る社会的議論では、1990年代後半からドイツ高等教育制度の競争力を高めることが要求されるようになった。そして経済界からも、履修内容をより実用的にすることや履修期間を短くすることが求められた。一方、連邦政府、州政府、各大学の政策が複雑に混じり合う全体的な改革の中で、ボローニャ・プロセスに関連する部分が区別しにくくなっている。

　そこでまず、直接ボローニャ・プロセスに関連する政策を整理したい。その第1は修士あるいはそれに相当する学位と博士からなっていた2段階構造を、学部・修士・博士課程という3段階に再構成する高等教育の構造自体の改革であった。学位がBachelor（以下B）とMaster（以下M）という名前で統一されたことからも分かるように、ボローニャ・プロセスは英語圏大学制度の影響が強いが、B学位を取得するまでは英国で3年、アメリカ合衆国では4年かかっている。ボローニャ宣言では最短3年と設定され、ドイツではB学位まで3年、その後M学位まで2年、合計5年という設定になった。また、すべてのBプログラム卒業生にMプログラムの入学を許可するオランダなどと異なり、2003年の州文部大臣会議でMプログラムの入学を制限することが定められた。その決

定を受け、各州では進学率を30〜50％に制限する傾向が強い。

　改革の第2は単位互換を可能とするための教育プログラムの設置である。各大学でB学位とM学位を取得するためのプログラムを策定した。互いに関連する授業を「モジュール（Modul）」という範囲にまとめ、受講する順番を履修計画で設定し、モジュールの内容をシラバスで明確に表す。モジュールごとに試験を実施し、各試験の合計点が学位に計算される。単位はヨーロッパ共通で、予習・復習を含めた単位獲得のために必要な学生の勉強時間を基準に設定される。また、必修モジュールを指定された再試験回数内で合格できない場合プログラムを中断することとなる。つまり、学位までの年数が自由で、学位の成績が修士論文と口頭試験、筆記試験のみで決定されていた往来のドイツの制度と異なり、1年生から卒業までの履修内容と成績が学位の結果に反映される制度となったのだ。

　Bプログラムの内容については、2003年に州文部大臣会議で、科学的基礎知識、専門的分析技術、職業関連技能という3つの柱を設定した。それに応じて、専門的分析技術と職業関連技能の一部を各分野や学部ではなく、全分野の学生に共通に教える制度を導入した大学が多い。そこで、ドイツの大学制度に存在していなかった教養的教育に当たる分野が誕生した。

　B学位またはM学位で終了する新しい教育プログラムの普及状況を確認すると、2015年時点でドイツでは全プログラムの9割がBプログラムとMプログラムに切り替えられ、1999年後期から始まった新学位の導入は一部の特別な分野を除き、ほぼ完成に近づいている。その背景には、一部の州で旧プログラムを廃止する期限を設け、期限までに新プログラムに切り替えない場合、予算配分を中断するというきわめて強い強制力が働いたことも関係している。

第2章　フンボルトの悪夢？　　17

2 フライブルク大学における改革

フライブルク大学はドイツでハイデルベルク大学に次いで伝統が長く、11 学部で学生 21,022 人（2008 年後期）が学んでいる。ドイツ南部の魅力的な地方都市に立地し、規模の大きい総合大学として人気が高い。改革の導入については、各学部や学科の構造と伝統の違いによりその過程が異なってきた。大学共通の取組みとして、専門的分析技術の一部と職業関連技能を提供する「基礎技能センター（Zentrum für Schlüsselqualifikationen）」を設置した。

2-1　各学科におけるプログラム設置

新プログラムの設置は学部や学科単位で行われ、理系と文系、学生が目指している就職、学生自治会の存在などにより大きく異なった。森林環境学部の森林学科の例を見ると、以前は森林学科の卒業生のほとんどが州営林局に就職していたが、国や州の森林管理の方針転換よってその就職先を失った。そのため、森林学科は新プログラムの設置を早く進め、多様な就職に適する人材の育成を目指した。また、授業方式も以前から集中講義のような形で 1 学期に複数のブロックを続けて受ける方法に切り替えたため、新プログラムのモジュール化によっても授業内容や履修構造があまり変わらなかった。森林学科では B プログラムを 2 つ、M プログラムを 3 つ設置した。M プログラムの 1 つは英語で実施され、国際的に受講者を募集している「環境ガバナンス」であり、このプログラムは時代の流れをよく掴み、評価が高く、留学生が入学生の 7 割を占め、卒業生の就職も順調である。授業料を利用し、外部から非常勤教員を呼んでいるが、その一部は外国からの教員である。なお、森林学の履修内容は法律、生態学、地質学、経営学など多岐にわたるため、3 年間の B プログラムで職業に適する技能と知識が得られるかどうかは、きわめて疑問である。そのため、多くの学生が修士に進学することが予想される。

Mプログラムにおける英語の授業と、単位相互認定制度のため、プログラム入学生だけでなく、限られたモジュールにだけ参加する外国からの受講者も増えた。また、修士論文のための現地調査を外国で行う院生も多い。森林学科は、今までは州で就職するための教育が主で地方性が強かったが、改革を通じてこのように国際的となった。

　一方、人文科学学科を見ると、改革によって構造が根本的に再編された。フライブルク大学では数多くの学科からなる人文科学はいくつかの学部に分散しているが、以前から学部を超えた合同委員会で履修内容を設定する制度を持っていた。新プログラム導入も各学部単独ではなく、その委員会をベースに実施したため各学科間の調整が可能となった。

　聞き取り調査によると、教員の間に3年への短縮に対する反対意見が多かったが、大学で決定権を持っている教授たちが組織として反対しなかったこと、修士課程の内容と充実性に以前から問題があったこと、人文科学は社会的に弱い立場におかれていることから、州の指示に従い、Bプログラムの導入を進めた。

　新プログラムの設定は2つの課題に直面した。まず第一に、1学期で獲得可能なモジュールの数と、それで得られる単位数の計算であった。第二は、人文科学の旧プログラムでは必要な単位数が少なく、単位のほとんどを演習で獲得する制度であったため、新プログラムに必要な単位数が得られるような構成自体を作成することに苦労したことである。そこで初めて、講義をした上で試験を行い、単位を獲得する方法が導入された。それは教員の負担を増やしたが、講義の重要性を高めたため、教員の講義に対する関心を強めた。

　新プログラムの設定には、教員のほかに学生も加わった。フライブルク大学が立地しているバーデン・ヴュルテンベルク州では学生の自治会は法律的に裏付けられてはいないが、自立自治会が存在する学科もある。その結果、学科内での協議段階における学生参加はその学科の状況によって異なっていた。しかし、学部の段階になる

と、学生が選ぶ教務担当副学部長、学生が構成員となっている教務委員会、学生代表が出席している教員会の各段階で、学生の意見が求められた。

　聞き取り調査ではいくつかの問題点が明らかになった。第1は改革内容の問題である。最初は緊急に枠組み上の改革を進めたため、各モジュールでどのような技能を身に付けるか、プログラムを終了した時点で学生はなにを習得しておくべきなのかなど、根本的な事柄についての検討が足りなかった。第2の問題点は学生の考え方である。学生はBプログラムを3年で終了するため、留学などを控え、単位を得ることだけに集中してしまう。ボローニャ・プロセスは単位互換制度を定着させ、留学を容易にするはずであったが、実際は授業内容が詳細に決められているため、互換性が悪くなった。

2-2　共通教育科目の設置

　ボローニャ宣言の目標の1つは高等教育で得る学位に実際の労働市場で活用できる内容を含ませることである。ドイツの大学ではこのような職業関連機能の教育推進が改革における重要な課題であったが、その解決は各大学に任せられていた。フライブルク大学は 2002 年に基礎技能センター（Zentrum für Schlüsselqualifikationen、以下「センター」）を設置した。準備段階で、全国の企業を対象に人材育成に関する調査を行い、州の商工会議所、大学内各科目と相談し、センターが提供する授業内容を構成した。2009 年現在、3,000 人の学生が 160 モジュールで職業関連技能を学んでいる。最終目標は 200 モジュールを提供することである。職業関連技能はすべての B プログラムの履修計画に含まれているが、その必修単位の半分はセンターが提供しているモジュールからの必修選択となり、残りは自由に選択できる。

　職業関連技能はマネジメント、コミュニケーション、メディア、情報技能、外国語という、5つの分野に分かれている。教授方法を

工夫し、可能なかぎりメディアや情報技術を活かした対話型の授業を行うため、教授方法についてフライブルク大学高等教育研究所と協力し、教員向けの高等教育に関する研修も開催している。シラバスでは授業の目標とそれにつながる教授方法も明らかにしている。授業の質を確保するために、評価委員会を設置し、学生と教員と、両方を対象にした授業アンケートを実施している。

　担当教員は大学内各学部から3分の1、学外からの非常勤が3分の2という割合で構成され、センターに所属している教員はいない。学外の教員は企業や、コミュニケーション・アドバイザーなどの自営業者からなっている。非常勤教師の職は、詳細なシラバス作成、教授法の工夫、対話型授業など、負担が大きいにもかかわらず、手当てが非常に低い。しかし、企業関係者は、仕事の変化や学生と接する機会を求めていたり、自営業者は、大学教員を務めることを自己宣伝に利用できることから関心が高い。

　フライブルク大学のように、職業関連技能が学部を超えたセンターで提供される方法には、いくつかの利点がある。まず、合理的で、限られた予算で、質の高い、多様な授業を提供できる。また、学生は他学部、他分野の学生と共同で学ぶことから刺激を受ける。さらに、外部からの教員は大学と社会の連携を強めてくれる。しかし、一部の理系科目は情報技術などのような職業関連技能を科目内で充分に提供できるため、センターが提供する科目を履修計画に含めることに反対した場合もあった。つまり、教養的教育という新しい発想よりも、専門に関係する職業関連技能を重視していたといえる。

　以上のように、同じフライブルク大学では科目の就職目標や社会的位置づけ、既存履修計画、学生自治会の存在などさまざまな要因が影響し、学部、学科により新プログラムへの移動時期、策定方法、学生参加などの問題点が異なっている。さらに大学の新しい共通プロジェクトとして、基礎技能センターが設置された。次に、フライブルク大学の事情を踏まえ、改革の評価を検討したい。

第2章　フンボルトの悪夢？　　21

3　改革の長期的評価

　以上の聞き取り調査から、改革現場の問題点が把握できる。まず
は改革自体が大学の自由意志で行われたのではなく、実施に必要な
人材、予算、時間が与えられないままで期限付きの政策として実施
されたことが多くの問題を引き起こした。つぎに、履修内容が固定
され、副専攻も減り、試験と単位重視の履修課程に変わったため、
大学教育内容が大きく変更した。新プログラムの設置が急がれ、履
修内容について検討する時間が十分とれたとはいえなかったが、国
際的な新プログラムが設置されるなど、新しい方向性もみえてき
た。

　では、ボローニャ・プロセスが始まってから 10 年経過した時点
でどのように評価されたかについて確認したい。読者層に高学歴の
人が多い週刊誌 *Die ZEIT* は、「大学に通って、ばかになる？」（*Die
ZEIT*,　23.4.2009）という表題で改革に対する評価をまとめてい
る。そこでは、新プログラムになると履修計画が詳細に決定され、
各学期で獲得する単位が卒業に反映されるため、学生が単位取得に
集中し、改革前に盛んであった学生自治活動、ボランティア活動、
政治的な活動に興味を失ったことを指摘している。しかし一方で、
構成が明確である新プログラムのほうが、多くの学生にとって学位
が得やすくなったことも確かである。プログラムの構成が明確に
なったという点では成功したが、3 年間で終了するという点に無理
があるという結論が出された。

　他の記事（*Die ZEIT*,　15.4.2009）では、このような問題点がよ
く指摘されているにもかかわらず改善されない理由は州の教育政策
と各大学の間で責任が明確でないことにあるという。大学側は州が
出した改革の枠組みが狭すぎること、そしてなによりも財源不足を
訴え、州側は大学が改革に対して消極的であることを批判してい
る。

　以上にあげた問題を訴え、全国の学生が 2009 年の 6 月に「教育

ストライキ」を起こした。ストライキは全国の学生自治会、生徒自治会、社会民衆党、緑の党、左の党や労働組合の青年団体などの幅広い支援を受けた。ストライキの目標は、競争や能率のためではなく自己責任で取り組む勉強、教育へのアクセスの自由と保育所から大学までの授業料廃止による無償化、産業界などによる教育内容への介入を避けるため教育制度を公共予算で維持すること、すべての教育機関における生徒や学生の自治の強化があげられた。

　15年が経過しても、改革を巡る議論が続いている。大学の現状を見ると、専門大学を含む大学への進学率は2000年の33％から2013年の53.1％に上がり、現在2,616,800人が在学している（2013-14年後期）。職業教育で得た資格で大学に入れる仕組みも導入され、高等教育の開放性が高まったようにみえる。しかし、相変わらず両親の教育水準が大学への進学に強く影響を与えている。また、Bプログラムの場合、学生の3分の1が大学を中断し、改革以前から課題となっていた高い中断率は改善されていない。高等教育の第1段階であるB学位は就職の資格として設置されたにも係わらず、大学の場合77％、専門大学の場合53％がMプログラムに進み、3年間勉強しただけで就職に進む人が少ないことが分かる。国際的流動性を見ると大学生の3分の1がインターンを含む留学を経験し、政府が目指している半分には届いていないが、外国で得た単位の認定率が上昇している[1]。

　大学での実態を把握するため、まず教員と研究者の立場から改革の評価を見たい。2012年に大学長会議が教員を対象に調査を実施し、教員8,200人から回答を得た（Schoburg, Flöther, Wolf, 2012）。その結果、教員の仕事内容は教育と大学運営の時間が増加し、全体の労働時間が増えた一方で、研究に当てる時間が減ったこ

1　Deutscher Bundestag, Bericht der Bundesregierung über die Umsetzung des Bologna-Prozesses 2012 bis 2015 in Deutschland. Deutscher Bundestag Drucksache 18/4385, 2015（http://dip21.bundestag.de/dip21/btd/18/043/1804385.pdf（6.1.2016））

とが明らかになった。財政的制限のためドイツの大学では教授よりも教員の中間層といわれる任期付きの講師や助教の数が増え、彼らは教育の大部分を担うようになった。しかし、経験が浅い上に、職場移動も多く、教育の質を低下させる恐れがある。改革の1つの目的は学生と教員の国際交流を進めることであったが、教員については かなりの成果を上げている。回答者の8割は3年間以内に外国で学会などのために滞在し、22％がドイツ語以外の言葉で授業を担当している。ボローニャ・プロセスの目標については全体的に賛成する傾向が強いが、教育の質的改善と学生の国際移動については目的が実現されていないという意見が多い。このように、仕事内容の重点が研究から教育や大学運営に変わり、改革の結果について批判的な意見もあるが、調査の結果、仕事全体に関する満足度はこの20年間下がっていないことが明らかになった。その結果から教員の高い職業意識が読み取れる。一方、満足度が下がった教員の場合、最も低下させる要因は任期の制限であり、教育の質でも触れたように任期付きポストの増加はドイツの大学の重要な課題であるといえる。

　教育研究職員全国組合も、教員と研究者の労働環境について調査を行った（Leischner, Rüthemann, 2015）。1,103人の回答者のうち66.6％が任期制で雇われ、40.2％がパートタイムで働いている。BプログラムとMプログラムの導入に伴い教育の負担が増え、そこに教授以下の任期制ポストで対応したことが1つの原因である。もう1つの背景として、ボローニャ・プロセスと同時に大学の経営化が進められ、各大学は州の予算のみに頼らず独自で民間や競争的助成金を財源として確保するようになるが、期間限定の助成金が多くの任期制ポストをもたらしたのである。その他に、財源を確保するための助成金申請や大学運営の仕事や試験が増加したため、契約労働時間外の残業が増え、労働環境を悪化させている。

　一方、学生の立場から見ると、勉強による拘束時間が増えたため学生が余裕をなくし、社会や政治に興味を示さなくなったという問

題点については文部省が実施している学生調査でも確かめることができる[2]。その1つの指標として、政治に対する関心があげられているが、強い関心を持っていると答えた学生の割合は2001年の45％から、2013年の32％へと減少してきた。自分にとって政治と社会がとても重要であると答えた大学生の割合は同じ期間に34％から28％、専門大学の場合は29％から18％に減少し、学生の政治や社会全体に関する無関心を裏付けている。しかし、政治的な発想自体はあまり変化していない。自分が社会民主的、またはグリーン・オルタナティヴ思想に賛成していると答える学生は1985年も2007年も全体の3分の2を占めている。

　勉強と生活費獲得の両立の難しさも、調査から読み取れる。学生の半分以上が学期中にアルバイトをし、23％が週8時間以上働いている。

　また、全国学生自治会連盟が実施した調査から、学生の立場が読み取れる[3]。学生は評価点数が授業や試験に必要な準備時間を正しく評価していないこと、試験が多いこと、Mプログラムへの入学制限によって希望したプログラムに入学できなかったこと、大学で学んだことが就職の準備に役に立たないので、もっと実践的な内容を学びたいこと、留学や修士に進むための財源がないことを問題として上げている。

おわりに

　ドイツ大学長会議は15周年をきっかけに20人の専門家にボロー

2　Ramm, M., Multrus, F., Bargel, T., Schmidt, M., Studiensituation und studentische Orientierungen. 12. Studierendensurvey an Universitäten und Fachhochschulen. Kurzfassung. Bundesministerium für Bildung und Forschung, 2014
3　Freier zusammenschluss von studentInnenschaften e.V., Bologna Umfrage, 2014（http://www.bolognaumfrage.de/ (6.9.2015)）

ニャ改革の評価を聞いた[4]。その中で肯定的な意見と批判的な意見がそれぞれ5人、どちらとも言えない人が3人、これからの改革が重要であると強調した人が7人で、現在も意見が分かれていることが分かる。今後の改革として、経済界と学生からはもっと実践的な教育内容が要求され、一方、大学教員からは「過剰官僚化」の改善と学生の自主的学習の機会が求められている。

　ドイツの場合、地方分権の複雑さと限られた財源が関係し、ヨーロッパ的視点で改革を進めることに成功していないと判断されたこともある（Wuggenig, 2008）。ボローニャ・プロセス以前から始まっていた教員削減や任期制拡大など教員制度のさまざまな変化は、各大学と教員に充実した改革を実施する余裕を残していなかったといえよう。この問題点に対応し、2015年に一部州と連邦政府の役割分担が再定義された。連邦政府は家庭の収入に関連して支払われる学生への助成金を負担し、また大学に長期的に財源を提供できるように基本法が改正された。そして教員や研究者の短期間雇用についても1年以下の極端に短い任期などを防ぐために条件が付けられたが、教授以外の教員や研究者の多くが不安定な状況におかれていることに変わりはない。Witte（2006：27）が指摘していたように、ドイツの大学制度は改革以前には学生を中心に考える発想を持っていなかったが、改革の結果、教育内容が再検討され、教育が重視されるようになった。その一方、内容の単純化や試験の増加、教員負担の増加をもたらしたと同時に、新プログラムの編成が限られた人材と時間で急いで実施されたため内容の検討が不十分で、以前からあった授業科目をモジュールに並べ直したことに留まったという批判もある（Pietzonka, 2014）。このように、ドイツにおけるボローニャ・プロセスは、高等教育を市民権利としてみるのか、それともエリートに限るのかという議論や、高等教育の目的は就職なのか個人の育成なのか、高等教育に関する決定権を連邦

4　Hochschulrektorenkonferenz, 15 Jahre Bologna, 2015（http://www.hrk-nexus.de/aktuelles/news/15-jahre-bologna（6.9.2015））

政府、州、大学の間でどのように分担するべきなのかという議論な
ど、戦後ドイツで続いている高等教育をめぐるさまざまな問題に直
面しながら進められているのである。

【参考文献】

Berg, C., Weber, R., Hochschulreform aus studentischer Sicht, *Aus Politik und Zeitgeschichte,* 48/2006, 14-20, 2006

Leischner, F., Rüthemann, J., *Schaffung eines förderlichen Arbeitsumfeldes an Hochschulen*, Gewerkschaft Erziehung und Wissenschaft, 2015

Pietzonka, M., Die Umsetzung der Modularisierung in Bachelor- und Masterstudiengängen, *Zeitschrift für Hochschulentwicklung,* 9-2, 78-90, 2014

Schomburg, H., Flöther, C., Wolf, V., *Wandel von Lehre und Studium an deutschen Hochschulen - Erfahrungen und Sichtweisen der Lehrenden*, Projektbericht. Internationales Zentrum für Hochschulforschung Universität Kassel, 2012

Witte, J., Die deutsche Umsetzung des Bologna-Prozesses, *Aus Politik und Zeitgeschichte,* 48/2006, 21-27, 2006

Wuggening, U., Eine Transformation des universitären Feldes: der Bologna-Prozess in Deutschland und seine Vorgeschichte. Schultheis, F., Cousin, P., Roca I Escoda, M.（Hg.）, *Humboldts Albtraum. Der Bologna-Prozess und seine Folgen*, Uvk Verlagsgesellschaft, 123-162, 2008

第3章

オーストリアの大学改革
──ボローニャ・プロセスによるカリキュラム改革

吉満たか子

はじめに

　ボローニャ・プロセスは、1995 年に EU 加盟国となったオーストリアの大学にも大きな変革をもたらした。本章では、第二次世界大戦後から現在までのオーストリアの大学改革を概観し、2011 年から導入された「入門オリエンテーション段階」についてその背景と実情を考察する。

1　戦後オーストリアの大学改革

　Förster（2012）は第二次世界大戦後から現在までのオーストリアの大学改革を次の 4 つの段階に区分している。ここではそれぞれの段階でどのような改革が行われてきたのかを概観する。

　第一段階：第二次世界大戦後〜 1960 年代初頭
　第二段階：1960 〜 1970 年代
　第三段階：1980 年代
　第四段階：1990 年代

第一段階（戦後～1960 年代初頭）

　この段階の大学改革では、大学の「非ナチ化（Entnazifizierung）」が急務であった。1938 年にオーストリアは第三帝国によって併合され、大学では即座に「ナチ化」が行われた。ユダヤ系の教員や反ナチス的な教員は追放され、その代わりにナチスに忠実な教員が起用された。Fleck（2002）によれば、1938 年に 3 つの総合大学と 6 つの単科大学、およびザルツブルク大学の神学部において、教授の約 3 分の 1 にあたる 437 名が解雇された。大学から追われたのは教員だけでない。伊藤（2014）によれば、1938 年 3 月 29 日には、夏学期のユダヤ人学生の入学手続きが禁止され、すでに登録されている入学手続きは条件を付けて有効ではあるものの、いつでも取り消されうるものとなった。また、さしあたって卒業試験を受けることが許されなかった。教員や学生の追放と同時に、ナチズムに忠実な学生の育成、「指導者原理」による大学憲章の改正[1]、「民族的」視点による学問分野の政治化、「最終勝利」のための研究と開発の手段化も大学政策として取られた。戦後は「非ナチ化」のため、大学に残っていたナチス的な教員はその多くが解雇されることになった。1945 年の時点でウィーンにある総合大学および単科大学では教授の約半数がこれに該当したという。学生も同様で、オーストリア学生連盟（2006）によれば、1945 年の冬学期（Wintersemester）にウィーン市内の大学において、平均 2.5% の学生が学籍を剥奪された[2]。

1　伊藤（2014）によれば、1938 年 4 月 23 日の追加の教授宣誓の折に、学長のクノルはこれを「大学というものは指導者原理に従って決められている。学長は大学の指導者である。学部長は学部の指導者であり、他の下部組織もそれぞれ指導者を有しており、各自は自分たちの上司である指導者に忠実に仕える義務を有している」と説明した。

2　1947 年に「軽度犯罪者（Minderbelasteten）」というカテゴリーが設けられ、これに該当する教員は大学への復帰が許された。また、1948 年には「青少年特赦（Jugendamnestie）」により、非ナチ化によって追放された学生にも復学が許された。

第一段階での大学改革は、ナチ化された大学を戦前の第一共和制における大学に戻すことが目的であった。そのため終戦直後の大学では、19世紀の大学がそうであったように、正教授が教育課程や修学期間、修了試験の形態などに関する決定権を持っていた。しかし、1955年に大学組織法（Hochschulorganisationsgesetz）が施行され、従来の古い規則や規定が廃止されることとなった。

第二段階（1960 ～ 1970年代）

　この段階では、政策としての「教育の拡張（Bildungsexpansion）」の影響が、大学にも顕著に現れた。当時のオーストリア政府は、大学を従来のエリート養成機関から脱却させなければならないとの認識を強めていた[3]。そのため、1963年には奨学金制度が整備された。また、1966年には一般大学教育法（Allgemeine Hochschulstudiengesetz）が施行され、マギスター（Magister/Magistra）およびディプローム（Diplom）を修了資格とするディプローム課程（Diplomstudium）とそれに続く博士課程（Doktoratsstudium）が導入された[4]。それ以外にも、例えば講義科目での出席義務が廃止されたり、卒業論文のテーマや指導教官を選ぶ権利が学生に付与されたりした。このことにより、より多くの学生が勉学をしやすい環境が整備された[5]。また、学生数が増加したことに伴い、新しい学科や大学が創設されるようになり、リンツ大学（1966年）やクラーゲンフルト大学（1970年）がこの時期に創設された。研究の面では、1967年に研究奨励（Forschungsförderungsgesetz）が施行され、さまざまな基金が創設された。1975年には大学組織法（Universitätsorganisationsgesetz）が改正され、従来のような正

3　その理由として、Försterは戦後の急速な経済成長、冷戦状態と1957年に起こったスプートニク・ショックをあげている。

4　オーストリア学生連盟設立60周年を記念して出版された冊子 *ÖH 60 Jahre* を参照。

5　FörsterはこれをLiberalisierung des Studienalltags「大学での日常のリベラル化」と呼んでいる。

教授が運営の中心である大学（Ordinarienuniversität）から、学生を含むさまざまな立場のグループが運営に関与する大学（Gruppenuniversität）への移行がなされた。また、大学運営に関する大学の独立性も拡大された。

第三段階（1980年代）

　この時代に入ると、60年代や70年代のような大学改革のうねりは弱まり、それまでに見られたような抜本的な改革は行われなかった。1968-69年には50,169名であったオーストリアの大学在学者数は、1979-80年では108,101名と倍増し、第二段階で目標とされた教育の拡張は成功を収めていた。しかし、1987年に国の財政再建政策により、いわゆる「子ども手当」（オーストリアでは「家族手当〈Familienbeihilfe〉」）の支給を25歳までに引き下げる案が出された。しかしこの案は、学生の反対運動によって実現されなかった[6]。

第四段階（1990年代）

　この段階では大学組織の抜本的な改革が行われた。1990年に成立したオーストリア国民党（Österreichische Volkspartei：ÖVP）とオーストリア社会民主党（Sozialdemokratische Partei Österreichs）の大連立政権は、オーストリアの不況とそれに伴う財政の逼迫、加えて大学進学者の増加を背景に、高等教育の質と効率の向上を図るべく、大学組織の改革を開始した[7]。1993年に大学組織法が改正され、12の国立大学を対象に、学長の権限が拡大されることになった。例えば、従来は学術省（Bundesministerium für Wissenschaft und Forschung）にあった大学教授の任用権は大学へと移った。さらに1997年には大学教育課程法

6　*ÖH 60 Jahre* を参照。

7　山本悦男「現代における大学の自治──オーストリア2002年大学法（UG）を中心にして」『熊本ロージャーナル』第4号、2010

（Universitätsstudiengesetz）の改正により、カリキュラムの決定についてもそれぞれの大学にその権限が与えられることになった。また、1993 年に施行された専門大学教育課程法（Fachhochschulstudiengesetz）により、実践的な教育に重点を置いた高等職業教育機関である専門大学が設立されることになった。田中（2013）[8] は、専門大学の設立の直接的な要因として、1987 年にオーストリア経済会議所（Wirtschaftskammer Österreichs）が高等教育段階の職業教育機関「技術アカデミー」の設立を提案したことと、1988 年 6 月に EC（現 EU）から、「最低でも 3 年の職業訓練で修了する大学の卒業証書の承認についての一般規則」である EEC 指令 89/48（Richtlinie 89/48/EWG）が出されたことをあげている。オーストリアでは従来、後期中等教育段階の高等技術学校（Höhere Technische Lehranstalt）の卒業生に中級技術者として技師（Ingenieur）の資格を付与してきたが、ヨーロッパでは初級技術者として扱われる可能性がでてきた。そのため、EU 加盟を控えたオーストリアにとって、EEC 指令 89/48 が決定的な要因となった。

2 　ボローニャ宣言と 2000 年以降の大学改革

1993 年の大学組織法の改正は大学組織の規制緩和と非中央化を目指したものである。この規制緩和により、大学の権利は限定的であるものの拡大され、学術的のみならず経済的な視点からも大学独自の行動が可能となった。それに加えて、1998 年 5 月の「ソルボンヌ宣言」とそれに続く 1999 年 6 月の「ボローニャ宣言」が、その後の大学改革に大きく影響した。2001 年に改正された大学教員の雇用法（Dienstrechts-Novelle）と 2002 年の大学法（Universitätsgesetz）により、それまで公務員として公法上の勤

8 　田中達也「オーストリアにおける専門大学成立過程」『川口短大紀要』第 27 号、2013

務関係にあった大学と大学教員の関係が、大学との契約に基づく雇用関係となった。これは、ボローニャ宣言の掲げる「学生・教員・研究者・職員の移動の自由を阻害するような要因を取り除く」という目標に沿っている。また、2002 年の大学法により、ボローニャ宣言が掲げる「学部と大学院の 2 段階システム」が導入されるようになった。それ以前のオーストリアの大学では、「大学」と「大学院」との明確な区別がなく、学位習得まではいわゆる一貫教育が行われていた。学生はディプローム（Diplom）や修士（Magister）、博士（Doktor）、学位取得のための論文執筆が課せられないバカロレア[9]（Bakkalaureat）といった学位を習得するか、教員や法曹などの国家資格を取得することで大学を「卒業」した。そのため、在学年数は個々の学生によって異なり、学生が社会に出る年齢もまちまちであった。2 段階システムの導入により、「学部」に相当する「学士課程（Bachelorstudium）」と「大学院」に相当する「修士課程（Magisterstudium）」と「博士課程（Doktoratsstudium）」が設置されることになった。2002 年以降、従来の「バカロレア」は廃止され、「学士（Bachelor）」に移行された。また、学士課程は 6 セメスター、修士課程は 4 セメスター、博士課程は最短で 3 年間という標準的な学修期間が規定された。

　ボローニャ宣言では「欧州単位互換制度（European Credit Transfer System：ECTS）の導入」も目標として掲げられており、オーストリアの大学でもこれに基づいた修得単位数が、学士課程で 180 ECTS、修士課程で 120 ECTS と規定された。ただし、従来のディプローム課程が採用されている医学、歯学、薬学、法学、神学においては、学位取得までいわゆる一貫教育が行われており、修士課程が学士課程の修了を前提としている他の学問分野とは異なっている。なお、ディプローム課程の修学期間は 8 〜 12 セメスターで、修得単位数は 240 〜 360 ECTS と分野によって異なる[10]。

9　バカロレアは翻訳・通訳学科、日本学科、中国学科などで授与されていた。
10　吉満（2015）を参照。

3　入門オリエンテーション段階（StEOP）の導入

　2002 年の大学法により、オーストリアの大学はそのシステムを大きく変えたが、同時に大学における入門段階（Studieneingangsphase：STEP）の導入が決定された。その後この入門段階は 2009 年の法改正により「大学での入門オリエンテーション段階（Studieneingangs- und Orientierungsphase：StEOP[11]）」に拡大され、2011 年の法改正で実際の導入が規定された。このシステムは、2011-12 年度の冬学期以降に入学した学生に適用されており、大学法 66 条第 1 項において次のように規定されている。

- ・StEOP はディプローム課程および学士課程の一部である
- ・StEOP は入学許可を法的に規定するものではない[12]
- ・StEOP の目的は、それぞれの課程における勉学の内容や課程を概観することで、個々の学生が専攻科目を選択し決定する際に、客観的な判断をするための基礎を提供することである
- ・StEOP は少なくとも半セメスターにわたり開講される 1 つもしくは複数の授業科目で構成される
- ・StEOP の履修期間は 1 セメスターとする
- ・就労学生については、受講が可能となるような考慮が必要に応じてなされる

StEOP では試験が課され、その試験に合格しなければその後、当該の専攻科目での勉強を続行することができない。また、大学法

11　筆者が現地調査を行った 2012 年の時点では、一般的に「STEOP」と表記されており、吉満（2015）ではそのように表記していたが、2015 年 3 月に出版された評価報告書では「StEOP」と表記されている。後者の表記のほうが妥当であるので、本章ではそちらを採用した。
12　「入学許可について法的に規定するものではない」とあるのは、StEOP の段階にいる学生も正規の学生であり、StEOP 科目の受講の有無や、StEOP 試験の合否が「学生」というステータスには影響を与えないという意味である。

34

66 条第 1b 項では、StEOP の試験に合格しなかった場合について次のように規定している。

- ・ StEOP の試験を 2 回受験して、それでも不合格の場合には入学許可が消滅する
- ・ 入学許可が消滅してから 3 セメスターが経過すれば、同じ学部・学科において再入学許可の申請をすることができる
- ・ 再入学許可の申請は 2 回まで認められる
- ・ 再入学が教科された後も、StEOP の試験は 2 回まで受験できる

　まとめると、大学に入学した者は、それぞれの専攻の「必修科目」としての StEOP 科目を履修する。そして試験を受け、合格すればその後の勉学を続行できるが、合格できなければ「進級できない」のである。

4　StEOP の実情と評価

　筆者は 2012 年 2 月にウィーン大学とグラーツ大学で現地調査を行った。StEOP が導入された直後であったため、大学も教員も「どのような効果があるのか評価できない」というのが本音のようであったが、いずれの大学においても StEOP の目的として、「勉学の内容や方法を知ることで、ドロップアウトする学生を減らすこと」があげられた。事実、2010 年に経済協力開発機構（OECD）が発表した調査結果では[13]、2008 年に学位を取得せず高等教育機関をドロップアウトした学生の割合は、日本が約 10％であるのに対してオーストリアでは約 37％であった。オーストリアではそもそ

13　"How many students drop out of tertiary education?", *Higlights from Education at a Glance 2010*, OECD（http://dx.doi.org/10.1787/eag_highlights-2010-en）

も大学入学者が年々増加し[14]、高等教育に対する財政支出も増加しており[15]、学生がドロップアウトすることは財政上の大きな「無駄」を意味する。したがって、StEOP は、財政支出を効率よく活用するために打ち出された方策であるとも言える。さらにオーストリアでは、大学入学資格を持つ者は一部の学部・学科を除き、希望する大学に入学できるため、ウィーンにある大学に学生が集中する傾向がある。特にドイツ語圏最古の名門大学であるウィーン大学の学生数は約9万人で、グラーツ大学の2万人、ザルツブルク大学の1万8,000人、クラーゲンフルト大学の1万人に比べ、はるかに多い。ウィーン大学では StEOP 科目の履修単位数が他の大学よりも多いが、これは学生に対してある種の「ハードル」を設け、「選別機能」を果たしていることもうかがえる。実際、StEOP が正式に導入される前年、2010 年の年末には、学術省が入学希望者数が多い学科については学生数を制限し、入学試験を課す案を出している。これは成立には至らず、代わりに StEOP の導入が決まったのであるが、この背景には、教育の拡大に伴う学生数の拡大だけでなく、ボローニャ宣言以降、大学には国際的な競争力、具体的には学問・教育の質を保証し、良質な卒業生を労働市場に送り出すことが求められるようになったこともある。

　StEOP については、2015 年 3 月に初めて包括的な評価報告書が出された。詳細な分析は別の機会に譲るが、大学側からは「オリエンテーションは入学前に行われるべきである」「StEOP はドロップ

14　大学レベルの高等教育機関へ入学した後期中等教育の修了者の割合は、1995 年では約28％であったが、2007 年には約40％、2012 年には 50％を超えるまでになった。"How many secondary students go on to tertiary education?", *Highlights from Education at a Glance 2009*, OECD（http://dx.doi.org/10.1787/eag_highlights-2009-en）および "How many young people enter tertiary education?", *Education at a Glance 2014*, OECD（http://dx.doi.org/10.1787/eag_highlights-2014-en）

15　オーストリアの高等教育研究所（Institut für Höhre Studien）の調査では、2000 年の高等教育に対する財政支出を 100 とした場合、2009 年は 140 までに上昇している。*Nationaler Bildungsbericht Österreich 2012*, p.45 を参照。

アウトの防止にはならないのではないか」など否定的な意見が出されている。また、学生代表部（Studienvertretung）からは、「オリエンテーションや導入としては StEOP は評価できる」というポジティブな評価と共に、「StEOP はそれほど大きな負担ではない」という評価がみられる一方、特に StEOP の履修単位が多い大学・学科の学生代表部からは「StEOP は学生を怖がらせている」「試験の回数が少ない」などといったネガティブな評価も寄せられている。大学側および学生側からのネガティブな評価は導入直後から聞かれており、それらを反映してか、StEOP の科目や履修単位数、試験に関する規則は、2011 年に導入されて以来、多くの大学で学生に有利なように変更が加えられている[16]。

おわりに

　オーストリアの大学では目下、学生数の制限と大学入試の導入を巡る議論が活発になってきている。StEOP の導入後、2011 年 3 月に改正された大学法では、StEOP の再受験に関する規定が学生にとって有利に変更されたが、同時に建築学、生物学、情報学、経済学、薬学において学生の定員が規定され、入学希望者がそれを上回る場合には入学試験を含む選抜のための措置が取られることが決定された。おそらく今後、このような措置は他の学部にも適用されるようになることが予想される。また、本章では触れてはいないが、オーストリアの大学では外国からの留学生、特に隣国ドイツからの入学者が年々増加していることが問題になっており、医学など一部の分野では、外国人の入学者数を制限する措置も取られている。EU 加盟国以外の国からの学生は授業料を支払う必要があり、例えば日本人がウィーン大学で学ぶ場合には、1 セメスターあたり

16　2011 年に改正された大学法で、StEOP の再受験は 2 回まで（つまり最大 3 回の受験が）認められるようになった。

745.42 ユーロが徴収される[17]。日本の大学は、少子化に伴う学生や教育の質の保証、入学試験のあり方、そしてグローバル化という、いわば逆のベクトルの問題を抱えている。しかし、StEOP や入学試験の導入がオーストリアの大学に今後どのような効果や影響を及ぼすかを注視することは、日本の大学にとっても大いに参考になるのではないだろうか。

【参考文献】

Bruneforth, M., Lassnigg, L (Hrsg.), *Nationaler Bildungs-bericht Österreich 2012, Band 1, Das Schulsystem in Spiegel von Daten und Indikatoren*, Leykam, 2012

Fleck, Christian, *Österreichs Universitäten am Beginn der zweiten Repubulik: Entnazifizierung und Nicht-Rückkher der Vertriebenen*, 2002（online：http://www.ssoar.info/ssoar/handle/document/23478）

Förster, Christian, *Nationale Hochschulpolitik im Europäischen Hochschulraum*, Nomos, 2012

伊藤富雄「ナチズム支配下のウィーン大学」『立命館経営学』立命館大学、第52巻、第4・5号、25-35、2014

Österreichische HochschülerInnenschaft, *ÖH 60 Jahre*, 2006（http://issuu.com/oesterreichischehochschuelerinnenschaft/docs/60_jahre-1）

Unger, M., Thaler, B., Dibiasi, A., Grabher, A., Zaussinger, S., *Evaluierung der Studieneingangs- und Orientierungsphase (StEOP)*, Institut für Höhere Studien (IHS), 2015

吉満たか子「オーストリアの大学改革と入門オリエンテーション段階の導入」『広島外国語教育研究』広島大学外国語教育研究センター、第18号、99-111、2015

17　授業料は学生の出身国によって異なり、3つの査定カテゴリーにより額面が異なる。例えばエジプトやガーナ、フィリピンといった国の出身者は1セメスターあたり 382.06 ユーロを、ブラジルやマレーシア、トルコ等（日本を含む先進国もこのカテゴリー）からの出身者はその倍、アフガニスタンやマダガスカル、ハイチ等の出身者は 18.70 ユーロとなっている。（http://studentpoint.univie.ac.at/rund-ums-geld/studienbeitrag/hoehe/laenderliste-beitrag/）

第 4 章

ボローニャ・プロセスとフランスの大学改革

隠岐さや香

はじめに

フランスは独自の伝統的な高等教育モデルを有しており、それに由来する困難を抱えてもいた。そのため、1999 年に採択されたボローニャ・プロセスは、同国の行政および財界が「ヨーロッパのため」を名目に大学へと介入する格好の機会となった[1]。しかし、短期間で急激な変化を迫られることとなった大学関係者や学生の中には、その介入を「学問の自由や平等主義的な価値観、民主主義的な文化の浸食」とみなす者も多く、激しい抵抗運動が巻き起こった。そして、フランスはスペインと並んで、大学改革が穏やかには進展しなかった国として認知されることとなったのである[2]。

だが、衝突と交渉を経ながらも、21 世紀の 10 年の間に改革は着実に進展し、19 世紀に形作られた大学の風景は現在進行形で変容しつつある。そこで得られたものと、失われたものは何であったのか。本章では、ボローニャ・プロセスのフランスにおける影響について、その独自性も踏まえつつ考察したい。

---

1 Isabelle Bruno, Pierre Clément, Chrisitan Laval, *La grande mutation. Néolibéralisme et education en Europe*, Edition Syllepse, ch. 6, 2010

2 Sybille Reichert, "The intended and unintended effects of the Bologna reforms", *Higher Education Management and Policy*, vol. 22/1, 17, 2010

1 フランスにおける「大学」とその歴史的背景

　改革の経緯を語る前に、フランスがどれだけ英米やドイツとは異なる大学のモデルを有していたのかを踏まえなければ、同国が体験した変化の急激さを理解できないだろう。フランスにおける「大学」とその社会的位置づけは、日本や英米のそれとはかなり異なっている。その違いの主な要因は、フランスの大学が革命の前と後とで断絶を体験していることにある。中世に設立されたパリ大学など、最古の大学組織を有するとされる同国であるが、実際にはフランス革命期の1793年9月15日に、国内における22の大学がすべて一度は廃止されているのである。そのため、他の国が中世あるいは初期近代の特徴を温存したまま大学を発展させていったのに対し、フランスは白紙の状態から高等教育を再建しなければならなかった。

　大学が消えた空白を最初に埋めたのが、理工系技師育成教育を行うエコール・ポリテクニークや教員養成のためのエコール・ノルマルといった、今日では「グランド・ゼコール」(grandes écoles)として知られる高等教育組織である。これらの学校はいずれも国家の免状によって役職、あるいは特定の職業を割り振るという発想のもと、人材選抜と育成に特化した専門教育組織であった。しかしながら、それでいてこれらの組織は最先端の研究を行う教授陣を集め、卒業生は各界にて活躍した。以後、グランド・ゼコールはエリート高等教育機関としての地位を確立していく。

　他方、「大学」はといえば、ナポレオンにより、19世紀初頭には「教師同業者組合」たる「ユニヴェルシテ」(Université)として復活した。だが、法人格を持ったのは医科、法科、文科、理科、神学など個別の「ファキュルテ」(faculté)であり、それらはほぼ単科大学のような存在形態を取る一方で、研究よりも、教育と専門職業資格付与に特化した。ファキュルテがいわゆる「学部」のような位置づけになるのは、第三共和制期の1896年に、複数のファキュル

テをまとめあげる総合大学としてユニヴェルシテが設置されてから
のことである。これはドイツモデルの総合大学に刺激を受けて成立
したものであった[3]。

　以上の歴史的経緯もあり、高等教育の質も、そこに投下される予
算の次元においても、グランド・ゼコールと大学との間には常に厳
然たる格差が存在し続けた。しかし20世紀前半までの間は、両者
の育成する人材像の違いも手伝って、2つの世界はあまり交わらな
い状況が続いた。大学は自由業、教授職、中間管理職育成の場であ
り、対するグランド・ゼコールは私企業あるいは行政の管理職を輩
出する場だったのである。入学の条件も、大学が大学入学資格（バ
カロレア）を取得すれば基本的にどこでも入学できるという開放的
な形であるのに対し、グランド・ゼコールは選抜的な入学試験を設
けており、詰め込み式のエリート教育を行っていた。

　この二極分化した高等教育の状況に、大きな変化が訪れたのが
20世紀後半である。高等教育の大衆化に伴い、1960〜80年代に
かけて、大学の中に学部とは別組織の技術短期大学部（IUT）、医
療補助部門コース、専門技術養成課程（STS）といった実学的な教
育を行う第三の極が生まれた。そこで古典的な大学の学部は、一方
でそれらの課程と職業教育の面で競合するとともに、他方でははる
かに手厚い資金を得る選抜的なグランド・ゼコールのエリートコー
スとの間で学生を取り合うという苦境に置かれることとなったので
ある。このようにフランス独自の問題が表面化したため、その対応
策としてこの時期から各種の「改革」が進んでいく[4]。

　最初の大きな変化は1968年5月の大学紛争である。この翌年の
高等教育基本法（フォール法）により、大きな権限を有していた

3　R. D. アンダーソン著、安原義仁・橋本伸也監訳『近代ヨーロッパ大学史
啓蒙期から1914年まで』昭和堂、第三章、2012
4　フランスの教養教育については次の論考を参考にした。大場淳「フランス
における大学教育改革——第一期における教養教育の導入を中心に」『広島大
学大学院教育学研究科紀要』第三部、第53号、341-350、2004

第4章　ボローニャ・プロセスとフランスの大学改革　　41

ファキュルテが解体され、消滅した。代わりに導入されたのが、より統廃合の容易な「教育研究単位」（UER、1984 年のサヴァリ法により UFR と改称）という組織であった。従って、今日フランスの大学において日本の「学部」に相当する組織はこの UFR である。ただし、伝統あるファキュルテの名称も一般的に浸透しているため、慣用としては今でも用いられる。

　以上の特徴に加え、日本や英米との違いで認識しておくべき点は、フランスにおいて大学は基本的に公立かつ無償であり、私立大学という概念は馴染みがないことである。また、近年は変化しつつあるが、グランド・ゼコールとの格差があった一方、大学間で競争するという発想はなかった。他方で中央集権的発想は強く、学位を授与する権限も基本的に国家に属している。大学は国と契約して学位授与の権限を得るのだが、その権利は 4 年ごとに更新されねばならず、その際に教育や研究の質について審査がなされるのである。

2　LMD 改革と一般教養

　ボローニャ・プロセスを受けて最初に訪れた大きな変化は、他の欧州各国との学位共通化であった。学生が自由に欧州内を移動して学ぶことのできる欧州高等教育圏の創設が既定路線となったため、各国は学位や授業単位を標準化し、相互互換的にすることを迫られたのである。そのため、フランスも 2002 年にはそれまで存在していた同国独自の学位制度から、アングロサクソン型に準拠して作られた欧州共通の学位制度に移行した。それは「学士」（Licence）、「修士」（Master）、「博士」（Doctorat）という 3 段階の学位の頭文字を取って「LMD 改革」と呼ばれる。年限であるが、「学士」は大学入試許可から 3 年、「修士」は同 5 年、「博士」は同 8 年で得られる学位として設計された。参考までに旧制度の学位との対応を図 4-1、4-2 に示す。大きな変化は、それまでは学士の前、大学入学後 2 年時に与えられていた DEUG という段階や、4 年目の段階

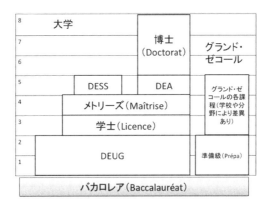

図 4-1　旧制度における学位のあり方

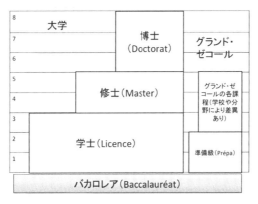

図 4-2　LMD 改革後の学位のあり方

で与えられた「メトリーズ」(Maîtrise) などが消えた点である。また、これまで博士学位のための研究許可の段階に位置していたDEAが「修士」相当の学位として置き換えられた。

　LMD 改革自体は、欧州の論理というよりは、フランス側の関心により前進したとされる。とりわけグランド・ゼコール卒業者が多い行政エリートの側に、フランス独自であるがために国際的に認知

されていないグランド・ゼコールの学位を国際的な大学の基準と適合させたいとの欲求があったという。図 4-1 の通り、グランド・ゼコールにはバカロレア取得のあと、入学選抜試験前に 2 年間の「準備級」があり、それから入学試験を受けて、受かった者が 3 年間もしくは 4 年間の学業を修めることとなっていた。この独特さのため、旧制度下のグランド・ゼコール卒業生たちは、外国に出ると大学の学位を取得していないとみなされるリスクがあったのである。それが LMD 改革のあとは、学業の終わりの時点で修士取得相当の資格を得ることとなったし、そのまま外国で博士課程に進学することも可能となった。その一方で、旧課程において 2 年の学習で DEUG を取得していた普通の学生たちは、欧州基準の「学士」に満たない高卒者とみなされるリスクを抱えてしまった[5]。

　学士教育との関連でいえば、LMD 改革はそれまで国によってはほとんど重要視されていなかった（場合によってはドイツのように学位すらなかった）第一段階の学士課程に、欧州労働市場への適応という文脈で大きな存在感を持たせる効果があった。特にリスボン戦略後の EU は、高等教育を「知識基盤社会」に対応した技能や資質能力を提供するものと位置付けて、企業精神の育成、生涯学習への対応や、学際的な領域的活動の促進などを提言していた。そのため、学士課程における教育のあり方も必然的に議論の対象となっていったのである。

　フランスの学士教育を考える上で踏まえるべき点の 1 つに、「リベラル・アーツ」概念の不在がある。リベラル・アーツの由来は、中世の「自由学芸」（英 liberal arts、仏 arts libéraux）のことであるが、アンシアン・レジーム期との断絶があるフランスにおいてそれはいわゆる中世大学の自由学芸七科を想起させる歴史的概念でしかない。とはいえ、後述するように一般教養（culture générale）

5　クリストフ・シャルル著、白鳥義彦訳「ヨーロッパ＝アメリカの観点から見た、1945 年以降のフランス大学システムの変容」『日仏教育学会年報』第 18 号、No. 40、2013

の概念自体は存在しているのだが、大学がファキュルテを基盤に国家免状の対象となる人材育成を主眼として発展したため、専門教育に比重が置かれる傾向が存在してきた。そのため、ボローニャ・プロセスを待たずとも20世紀後半には、早すぎる職業選択がもたらす弊害や、技術の進展についていけない職業教育内容の陳腐化などが問題視されるようになり、文化教育としての一般教養の必要性が議論の的となっていた。特に1997年のバイル改革においては、半期授業制の導入や、積み上げ式単位による教育編成といった具体的な改革に加え、各専門教育の中に一般教養に関する科目を盛り込むこと、およびその比率が定められた。ボローニャ・プロセス採択以降の2002年にも、学士課程において一般教養の獲得を保証することを求める省令が出されている。ただし、90年代に存在した学士課程における一般教養と専門教育の時間配分規定は姿を消しており、むしろ各機関の自由裁量の余地が拡大した。他方で、ICTリテラシーと外国語については EU が設けた高等教育の指標を意識した取組みが見られるようになっている。

　今日でも、フランスの学生は最初から専門課程（ないしは UFR）を選んで大学に入学（登録）する。そして日本の「教養教育」で期待される幅広い一般的な知識を習得するのは、それぞれの課程の枠で準備された視野を広げるためのオプション的な講義の受講を通してである。たとえばソルボンヌ大学の哲学コースでは「オプション」として、美術史や歴史、社会学、そして各国語学習など、別の専門 UFR の授業単位を取得することが可能になっている。また、1990年代より医学専攻の課程においては人文社会科学の授業が義務化されているが、他の専門学部でもそうした動きに倣う例がみられる[6]。二重学位取得が可能な大学も増えており、2つ目の専攻を持

6　ソルボンヌ大学のホームページ（http://www.paris-sorbonne.fr/）参照。医学部については次。Laurent Visier, « Vingt ans d'enseignement des sciences humaines et sociales dans les études médicales en France », *Bioethica Forum*, vol.4, No.4, 144-148, 2011

つことで分野横断的な視野や、就職に有利な専門知を得ようとする学生も少なくない。

なお、日本の大学教養教育に関する議論では言及される"「21世紀型市民」の育成"のような論点については、フランスおよび欧州諸国の場合、大学教育に関する議論としては一般的ではない。日本の「21世紀型市民」は「専攻分野についての専門性を有するだけでなく、幅広い教養を身に付け、高い公共性・倫理性を保持しつつ、時代の変化に合わせて積極的に社会を支え、あるいは社会を改善していく資質を有する人材」などと定義されるが[7]、このうち公共性、倫理性および社会的責任に関する部分は、欧州の場合、中等教育までの「市民教育」の領域である。大学はそうして成人した市民が教養や専門知識、もしくは職業に必要な高度技能を身につける場としてイメージされている。

3　LRU 法（大学の自由と責任に関わる法律）と抗議運動

フランスの 2000 年代において最も劇的な構造改革を志向し、同時に最も激しい抗議行動を引き起こしたのが、ニコラ・サルコジ政権時代に進展した LRU 法（大学の自由と責任に関わる法律）を伴う一連の改革である。この節では、まず LRU 法について概説した上で、それがどのような抗議行動をもたらしたのかを述べたい。

LRU 法自体はフランスの高等教育機関の自律性拡大を謳うものであり、日本の国立大学の独立行政法人化ともよく似たものである。それは執行部の権限拡大、合議機関の縮小、利害関係者（地域住民・学生）の大学運営への参加などを伴うとされた。また、ボローニャ・プロセスとの関わりでいえば、LRU 法が大学の使命を拡大し、「進路選択支援と就職支援」、ならびに欧州高等教育圏建設への参加など、それまでの教育基本法にはなかった項目を高等教育

7　文部科学省中央教育審議会「我が国の高等教育の将来像（答申）」第一章、2005 年 1 月 28 日

の役割として追加したことも注目に値する。

　大学執行部を構成する中高年世代のエリート層や、資金運用の柔軟性が研究に影響しやすい理工系の一部は基本的にこの法案を歓迎した。その主な理由は、同法が彼らの裁量権限を拡大したからである。フランスの大学はそれまでも法令上は法人格を持つ公的機関であったのだが、中央政府による統制が強く運営面での自由度が低かった。たとえばUFRの改廃権限なども国家に属していたのである。しかしながら管理職にない教員や学生たちには違う見方をする者も少なくなかった。LRU法により大学の合議機関の権限が縮小する一方で、各大学における学長と執行部の権限が拡大したのである。彼らからすればそれは民主的ではないプロセスが学内で拡大することにほかならなかった。事実、学長選挙において学生が多く所属する教務・大学生活評議会が学長選挙投票から除外されるなど、実際に学生の影響力が弱められるような局面も存在した[8]。さらに、懸念は大学の運営面のみならず、公教育の理念的な側面にも広がっていた。LRU法が大学間の競争を激化させ、大小の大学間の格差が増加するのではないか、執行部が学生獲得目当てに分野を統廃合した結果、小さな大学が単科大学のようになったり、古代言語や哲学など人文系諸分野の減少などを引き起こしたりするのではないか、こうした懸念と批判が2007年頃から、とりわけ地方大学の人文系学部の学生達を中心に、ゆっくりとではあるが、少しずつ広まっていったのである[9]。

　2009年になると抗議行動は大規模化し教員も加わった。話はもはやLRU法に留まらず、他の問題や一般市民も巻き込む形で数万人規模のデモや抗議活動が定期的に開催された。大学の講堂は開放され、正規のカリキュラムでない一般講座や、あるべき教育の姿を

8　大場淳「フランスにおける大学ガバナンスの改革——大学の自由と責任に関する法律（LRU）の制定とその影響」『大学論集』第45集、5、2014
9　Jean-Paul Russier, "Les mobilisations universitaires contre la réforme. En un combat douteux ...", *La Découverte*, no. 33, 123-124, 2009/1

討論する催しなどが開催された。バリケードで教室を封鎖する一方で、路地に座り込んでの青空教室や野外コンサートなどを行う学生達の姿も見られた。このとき、青空教室で取り上げられた題材には、『クレーヴの奥方』読書会など、一般教養に対する論争を浮き彫りにするものもあった。というのも、17世紀古典主義文学である同書は、サルコジ内務相（2006年当時、後に大統領）により、実務で「役に立たない」教養の典型例のように揶揄されたことがあったからである[10]。

　サルコジ政権はLRU法に関しては断行する構えを捨てず、運動が長期化するにつれて学生の足並みは乱れていった。授業の再開を望む学生と抗議行動の遂行を望む学生同士で対立も起きた。研究者やジャーナリストの中にも、一連の騒ぎが企業関係者と大学の関係を損ない、国際的な大学のイメージを下げるとの批判をする論者が現れた[11]。しかしながら、運動が少なくとも一部の大学執行部関係者を動揺させ、社会的なインパクトを与えたのは間違いない。たとえば、2009年2月にはパリ第四大学の学長が、交渉を拒絶する政府の「自閉的な態度」を批判し、「（ナチス協力政権であった）ヴィシー政権以来の後退」と評する場面があった。同年5月にはパリ第八大やモンペリエ大、リール大など、六大学の学長が『ルモンド』紙上で改革の「モラトリアム」を求める声明を出すまでに至っている[12]。また、このときの騒動は政権交代の際に、サルコジ政権下で行われた改革の一部方針見直しをもたらす要因となった。

10　*Libération*, 21 novembre 2006
11　*Le Monde*, 31 mars 2009
12　*Le Monde*, 13 mai 2009

4　統合と連携──「研究・高等教育拠点」（PRES）から
「大学・高等教育機関共同体」（COMUE）へ

　大学の統合・連携の取組みもサルコジ政権時代から本格化した。
2006 年の研究計画法では、大学を複数の「研究・高等教育拠点」
（pôles de recherche et d'enseignement supérieur、以下 PRES）
にまとめあげることが決まり、フランス国内にある 74 の大学のう
ち 60 が、地理的近縁性に基づき、26 の PRES に編成されている。
大学ランキングなどにおいて国外大学との競争が意識されたことが
その動機の一つであった。また、LRU 法により自律性を高めた大
学が地域や企業との関わりを増やし、企業献金の受け入れや大学間
合併を自由に行えば、国家の研究費予算の削減や、契約主体として
の大学法人の減少につながるであろうという、行政機構合理化の論
理もその背景にあった。

　PRES は 2 種類あり、各拠点は博士課程レベルの教育・研究協
力を広域的に行う「科学協力公的機関」（EPECS）、もしくは法人
格を持つ基金としての性質が強い「科学協力基金」（FCS）のどち
らかのタイプになることが目指された（ただし後者は少なく、26
のうち 3 つだけであった）。特筆すべきは前者の EPECS に学位授
与の権利が与えられたことである。しかも PRES の理事会には企
業、地方公共団体などからの参入、そしてグランド・ゼコールの参
加も可能であったため、この措置はグランド・ゼコールと大学の間
にあった分断を緩和する効果をもたらしたのであった[13]。

　PRES は前述の LRU 法と共に、研究の領域でもフランスの旧来
的なシステムを変質させようとする試みとつながっていた。フラン
スではもともと、国立科学研究センター（CNRS）などの国立機関
が基礎研究や人文社会系において先端的な研究を行っており、国際
ランキングの順位も高かった。中でも CNRS は独自の研究資金配

13　白鳥義彦「フランスにおける『研究・高等教育拠点（PRES）』」『紀要』神
戸大学文学部、第 40 号、119-140、2013

第 4 章　ボローニャ・プロセスとフランスの大学改革　　49

分権限を持ち、国内の大学に研究ユニットを有していたため存在感が大きかったのである。これに対し、サルコジ政権側は CNRS を分野ごとに複数の研究機関として分割・解体し、資金配分権限自体も、2000 年代前半から相次いで創設された国立研究局（ANR）や研究高等教育評価局（AERES）などの外部評価機構に委譲させる構えを示した。国立研究機関に集中していた資金や人材を LRU 法で自律性を高めた大学に分配し、大学が所属する PRES が国際ランキングを競うというアングロサクソン的（と彼らが考える）モデルに近づけたかったからである[14]。ただし、CNRS の解体案自体はその後の交渉により立ち消えとなった。

　2012 年における中道左派であるオランド政権の誕生も、中道右派であったサルコジ政権時代の方針を一部見直しはしたが、欧州を意識した改革自体を後戻りさせることはなかった。まず、前政権時代の施策への批判として、LRU 法にみられた執行部への過度の権限の集中や、PRES が大学等の組織に本来必要とされるべき民主的な代表制を欠いた組織であることが問題視された。そして、PRES を選挙で選ばれる評議会等を有する大学と同様の民主的な組織に転換するため、法人格を持つ連合組織としての「大学・高等教育機関共同体」（communauté d'universités et d'établissements、略称 COMUE）という新たな枠組みが提案されたのである。

　こうして、現在のフランスでは PRES から COMUE に転換した共同体を基盤に、現在進行形で実質上の大学の統合が進みつつある。現時点ではその効果についての評価は難しいが、批判的意見としては、たとえば、従来の大学の上に大学共同体の意思決定機構を重ねることがもたらす意思決定の非効率性や、同一 COMUE 内での主導権をめぐる大学間の不協和、地域単位で戦略を作ることの困難といった点があげられている[15]。また、改革自体に反発する左派の一

14　*Le Monde*, 10 juin 2008
15　大場淳「フランスにおける大学・高等教育機関共同体（communauté d'unversités et d'établissements：COMUE）の設置——大学の統合・連携を

部は、PRES も COMUE もともに、国家が大学の運営から手を引き大学を競争の論理に投げ込む仕組みであるとみなし、このままでは地域ごとの大学間格差が拡大し、困難な地域における学生の学習環境がそこなわれると批判し続けている。

COMUE をめぐる一連の動きは、大学の物理的な存在形態にも変化を及ぼすものである。フランスの大学には都市中心部に建物が分散する伝統的な形態が今でも比較的残っているのだが、2008 年から大規模補助事業として公募されたアングロサクソン型のキャンパス建設事業には、COMUE の多くが応募した。その結果、COMUE 諸機関を集めた「キャンパス」が大都市の郊外に出現しはじめているのである。たとえば 2015 年現在、パリの北部に建設中のキャンパス・コンドルセは、この変化を象徴するような計画である。それは 10 の高等教育機関と 4 つの COMUE を擁した人文社会科学系の拠点として、「21 世紀のカルチエ・ラタン」となることを目指している。そこでは従来の人文社会系学問に加えて、工業地帯である立地条件を活かした企業との交流や、デジタル・ヒューマニティー、仮想現実などの文理融合的な先端技術分野の教育、研究が行われる予定であるという。

おわりに

ボローニャ・プロセスはフランスの大学を制度と理念の次元で揺さぶり、大きく変えつつある。改革で得たものは何であったのか。実証的な検証は今後の課題であろうが、少なくとも制度面の変化からは伺えるのは、フランスの大学が十数年前に比べると格段に開放性や流動性を高めたということである。留学生の待遇は改善され、企業との交流に積極的な大学も増えた。

だがその一方で、一連の改革の経緯から浮かび上がるのは、学問

巡る政策の形成とその背景』『大学の機能別分化の現状と課題』広島大学高等教育研究開発センター、pp.31-50、2015

の自由や、知の前での平等といった理念が、欧州市場や「知識基盤経済」というスローガンの前に揺らぎ、実に危うい様相を呈しているという様子である。そのことに危機感を抱き、あるいは大事にしていた価値が傷つけられたと感じた若者から高齢者まで数十万人の人々が行動し、路上には人が溢れた。この事実を忘れるべきではない。グローバル化時代の大学改革に共通する問題がそこには見て取れるのである。

第 5 章

転換期にあるロシアの大学と教養教育
——モスクワ国立大学と極東連邦大学

市 川 　 浩

1　学術体制・高等教育改革の嵐

　近現代ロシア（旧ソ連時代を含む）における学術体制、および高等教育制度の最大の特徴は、ピョートル大帝治下の 1724 年に設立された科学アカデミーが長きに渡り、傘下に多くの先端的な研究機関を集め、一国の研究活動全般の展開に圧倒的な影響力を発揮する、他の国にはない特有の強力な実践機関として存続しつづけてきたことである[1]。このため、ロシアでは大学・高等教育機関の機能はほぼ学士課程の教育機能に特化し、全体として研究大学には発展しなかった。大学院はアカデミーの研究所に附置されていて、優秀な院生はそちらに行く。大学には研究実験設備も教員研究室もなく、教員はどこかの研究所のスタッフに兼任されて初めて研究の機会を得る。また、彼らは少なからず学部附置研究所をつくり、自分たちをそのスタッフに任命し、そこに院生を募集し、学生実験用機器を自分たちで改良するなどしてなんとか研究生活を工夫してきた[2]。

1　こうした制度上の特徴（＝個性）を緒に帝政ロシア／旧ソ連邦における科学発展の諸問題に迫った研究に、市川浩編著『科学の参謀本部——ロシア／ソ連邦科学アカデミーに関する国際共同研究』（北海道大学出版会、2016）がある。参照されたい。
2　例えば、第 2 次世界大戦中、および直後の時期にモスクワ国立大学物理学部の教員たちが研究条件確保のために払った努力については、市川浩『冷戦と

53

しかし、この状況はプーチン政権の強力な意志で変わりつつある。世界的な名声を保つ科学雑誌『ネイチャー』などの抗議にもかかわらず、2013年9月、科学アカデミー改革法が成立。科学アカデミー傘下研究機関の資産と予算配分権限は新設の連邦科学機関庁に移管された。ロシア人がいまだに「カタストローファ（破局）」と形容するソ連解体後の厳しい経済状況のなかで科学アカデミー傘下研究機関の研究設備は著しく老朽化し、研究員の待遇は劇的に低下したことで後継者を得るのが難しくなり、これにおびただしい頭脳流出とソ連末期からはびこるネポティズム（縁故主義）などの腐敗が重なり、科学アカデミーはその活力を著しく低下させていった。なかば国家にかわって、彼らを財政面で支えたのは、ソ連時代にふんだんに提供された土地や建物をはじめとする資産運用や企業等へのサービス提供による利益であったが、今回の改革はこうした「自主財源」を奪い去るものであり、例外なくすべての研究機関がときに事実上半減にも及ぶ、厳しい財政削減にさらされることとなった[3]。

　大学・高等教育機関も予算事情は厳しく、特に教員給与は著しく低く、最低賃金レベルであることもまれではない。このため、土地や建物などの資産を企業等に貸して収入を得ている大学が多かった。また、ソ連時代から授業料無償が国是のこの国で、正規の入学試験に合格した無償学生のほかに、授業料を課す学生を受け入れている大学も多かった。しかし、プーチン政権は「ボローニャ・プロセス」を念頭に、ロシア経済のイノヴェーションを促進する人材養成とそのための大学の「国際標準」に準拠した再編を目指し、大学を大規模に支援する方向に政策を大きく転換した。2009年2月13

─────────
科学技術──旧ソ連邦 1945 ～ 1955 年』ミネルヴァ書房、2007 の pp.102-105 に簡単な記述がある。
3　岡田進「ロシア科学アカデミー改革法をめぐって」『ロシア・ユーラシアの経済と社会』4 月号（No.980）、36-47、2014；林幸秀編著、行松泰弘・神谷孝司・津田憂子著『ロシア科学技術情勢──模索続くソ連からの脱皮』丸善プラネット、pp.55-66、2013 参照。

日付の法令で、モスクワとサンクト゠ペテルブルクの両国立大学を首相直属の別格としつつ、政府は既存の大学から「連邦大学」と「国家研究大学」を指定することができるようになった。前者は予算裁量権を持った大学で、後者は10年期限で特別に予算を加算される大学である[4]。宇宙、原子力、IT、ナノテクなど経済発展に重要な分野を専攻する学生に対して相対的に手厚い奨学金が準備されるなど、イノヴェーションを担う人材養成が大学教育の目標とされ[5]、そのために新しい原理に基づくカリキュラムを導入する大学が多

---

[4] 林幸秀編著、前掲書、pp.67-85 参照；小泉悠「【ロシア】高等教育制度改革」『外国の立法』国立国会図書館調査及び立方考査局、2012.4（http://dl.ndl. go.jp/view/download/digidepo_3487661_po_02510107.pdf?contentNo=1）参照。なお、「国家研究大学」の「国家」は誤解を与えやすい訳である。ここでの「ナツィオナーリヌィ」は「全国的な（全国レベルの）／国民的な」というほどの意味である。

[5] 小泉悠、前掲。なお、ロシアにおける義務教育期間は9年間である。ただし、圧倒的多数が4年次をスキップするので、実質義務教育は8年である。4年次は学習にさらなる時間を要する生徒のみ（学習に遅れのある子と非ロシア語環境にある家族の子弟など）が通う。義務教育の受け皿となるのは、各地にあるシュコーラ（学校）であるが、シュコーラは制度上11年制（実質10年制）であり、義務教育を終えた後も2年間引き続いて在学することができる。通常は7歳で入学する（6歳の場合もある）。制度上は11年間（10年間）シュコーラで学べば大学には進学できるが、こうした直線コースは実際は少ない。通常のシュコーラのほか、音楽、スポーツなど幼いころからの修養を要する科目については早期英才教育がスペツィアーリナヤ・シュコーラ（特別学校）で行われる。プーチン政権下、一般科目でも英才教育を行うために特別の学校を設けることになった。これらの学校には帝政時代の学校の名称を復活したものが使われている。文系科目の成績優良者は「ギムナージヤ」へ、理系科目優秀者は「リッツェイ」に送られる。これらの学校出身者は17歳で主要大学や高等専門教育機関に進学する。また、普通教育を望まない場合、シュコーラを義務教育修了と同時に出て、ウチーリシェなどと呼ばれる学校で学ぶ。3年制であることが多い。こうした中等専門教育機関からも大学進学は可能で（http:// kwww3.koshigaya.bunkyo.ac.jp/wiki/index.php/%E3%83%AD%E3%82%B7% E3%82%A2%E3%81%AE%E6%95%99%E8%82%B2）、しかも学部によっては中等専門学校修了者を歓迎するので有利でさえある場合がある。なお、ロシアの大学の制度は、基本的に19世紀ドイツのそれを真似て造られ、用語などもほぼすべてドイツ語の借用である（ただし、「リッツェイ」はフランス語起源）。

い。

　なお、ロシアの大学は学部によって就学年限が違うが、だいたい
5〜6年である。単科大学も10年ほど前から「ウニヴェルシテー
ト」を名乗ることができるようになった。かつては多かった「イン
スチトゥート（単科大学、ないし高等専門学校と訳される）」や
「コルレージ（カレッジ）」はめっきり少なくなった。

　以下では、好対照をなすモスクワ国立大学と極東連邦大学の現況
を見ていく。いずれも2013年に筆者が訪れた段階におけるレポー
トである。

2　モスクワ国立大学

　ミハイール・ヴァシーリェヴィチ・ロモノーソフ名称モスクワ国
立大学は1755年設立のロシア最古の大学で、ロシアの高等教育機
関の頂点に位置する。2013年に生物工学部が新設され、学部（ファ
クリテート）は全部で38となった[6]。

　2013年9月16日、モスクワ国立大学物理学部のユーリー・セ
ルゲーヴィッチ・ヴラジーミロフ教授[7]に同大学の現状をうかがっ
た。

　モスクワ国立大学における教養教育の実施体制で日本と大きく異
なるのは、必要な教育科目・教員のすべてを各学部が包摂している
ことである。例えば、物理学部には英語学教室も、物理教育用コン
ピューター学教室も、哲学教室も配置されている。この場合、「教
室（カフェードラ）」は専門を同じくする教員の単位であるが、日
本の「講座」と違い、兼任が可能である（どこが主でどこが副とい

6　モスクワ国立大学ホームページ（http://www.msu.ru/）
7　教授は5巻本の『物理学（フィジカ）と形而上学（メタフィジカ）の間に』
（*Ю.С. Владимиров*, 《Между физикой и метафизикой》в 5 книг. М.: Либероком, 2010-
2013 гг.）で有名な科学哲学者。物理学部で「哲学」（後述）の授業を担当する。
科学哲学、形而上学に関心をもち広範な研究者のためにオープン・セミナーも
開いている。

図5-1 モスクワ国立大学本構(手前はロモノーソフ像、モスクワ国立大学 http://www.msu.ru/ より)

うこともなく、居心地のよいところで多くの時間を過ごすようだ)。ヴラジーミロフ氏は哲学部教育哲学教室に所属しつつ、物理学部哲学教室にも所属している。1人で3つ、4つの教室に所属している教員もいる。

　学部組織を超えた全学共通機構で、教育に関連するのは、「準備学科」と「ロシア語教育センター」だけだ。後者は外国からの留学生にロシア語を教える機関で、ヴラジーミロフ氏の夫人はそこの教員とのこと。語学のほか、ロシア文化についての見学会なども行っている。前者はもともと、ソ連時代にしかるべき党=政府機関から推薦を受けながらも、準備が足りないと判断された者の入学前夜間教育を担当していた「準備学部」の後身であるが、現在はロシア人学生には用がなく、もっぱら外国人留学生に専門分野の予備教育を行っている。

　物理学部は就学年限5.5年。1年から3年まで週2コマ英語があり、物理学部英語学教室が担当している。ほかの学部では他の語学も（英語は全学必修）指定しているところもある。自主的に外国語をオープン・クラスのようなところで勉強するものもあり、今は中国語に人気がある。1年次には体育（直訳は「身体文化（Physical culture)」) も週2コマある。こちらも種目が選べるが、圧倒的にサッカーが人気とのことであった。

専門準備教育は徹底している。ロシアの場合入学年齢が低いので大変重要である。物理学部では3年次の終わりまで、すべての物理学の授業は「一般物理学教室」が責任をもっている。学生は4年次になって各専門別の「教室」(例えば「半導体教室」「固体物理学教室」「天文物理学教室」など) に配属される。しかし、廊下に貼り出されていた時間割表には自学自習の時間なども多く取り入れられていて、"詰め込み"教育との印象はあまり受けない。

文化的素養づくりでは全学的に1年次から3年次まで週1コマ、「哲学」の履修が義務付けられている。学部によっては、これに加えてさまざまな非専門科目の履修を義務付けているところもあるが物理学部では「哲学」だけである。ただし、任意科目としては5年次生用のものまで開いている。これは講義というよりセミナーの形態で行われ、学生は毎回予習のうえ討論に参加することになっている。学外からも参加があり、どのセミナーもにぎわっている。

「哲学」、その他文化的素養づくりの科目提供にはモスクワ大学全体として幅広い合意があり、異を唱える教員などはいないそうだ。

3　極東連邦大学

極東連邦大学の前身は1899年に設立された東洋専門学校(20世紀最初の10年間、世界最大のコレクションといわれた6万冊の東洋学関連文献をもつ図書館、および満州語、モンゴル語、中国語、朝鮮語、チベット語、日本語による論文を掲載した『東洋専門学校紀要』で有名) である。1920年、いくつかの私立学校を吸収し、東洋学部、歴史 = 文学部、社会科学部からなる国立極東大学となる。1930年と1939年に政治的理由により一時閉鎖となるが、いずれも短期で再開し、1943年、ヴラジヴォストーク教育大学となり、1956年、極東国立大学(当初、物理 = 数学部、歴史 = 文学

図5-2　極東連邦大学ルースキー島キャンパス（極東連邦大学 http://www.dvfu.ru/ より）

部、生物学部、医学部、ロマンス語=ドイツ語圏文学部の5学部）となった。2009年10月21日、極東国立工業大学（1930年設立のヴラジヴォストーク高等総合技術学校が前身）、太平洋国立経済大学（1965年、G.V. プレハーノフ名称モスクワ国民経済専門学校ヴラジヴォストーク分校として発足し、1991年には極東商業専門学校であった）、ウスリースク国立教育大学（前身は1909年に設立）を吸収し、極東連邦大学となった。2009年4月に広大な新キャンパス建設を開始、2012年9月に竣工した。

　ここでは学部を「シュコーラ」と称している。大学は9つのシュコーラ（技術者、生物学=医学、人文科学、自然科学、芸術=文化=スポーツ、教育学、地域=国際研究、経済=マネージメント、法学）からなり、15の教育プログラムを提供している。その他、職業コルレージなどで中等職業教育も提供。先進的な知識をもち、専門家の国際交流に参加する現代的な研究大学としての理念と国家経済の諸部門の競争力をもった発展を保障する企業家的大学としての理念を融合し、2019年までにQSランキング300位以内を目指してい

る[8]。

2013 年 12 月 24 日、極東連邦大学ルースキー島新キャンパスにて学習・養成事業担当副学長室のアンドレイ・ニコラエヴィチ・シューシン氏（副学長補佐）にインタビューを実施した。ミハイール・イヴァノヴィチ・イヴァーノフ国際使節課主任専門員が同席した。

学士（バカラーブル）課程生は約 3 万人。うち、7,500 人が留学生（その 80％以上が中国人。ベトナム、インドネシアからは協定を通じて受け入れている。韓国、日本からも来ているが少数。旧ソ連邦構成諸国からの学生も留学生となる）。学費は原則無償。有償の学生もいるが、成績優良者に限っている。学生数と有償学生数は毎年国が決めている（「把握していないが、3 分の 1 程度か」とのこと）。ほぼ全員寮暮らし。その他、分校所属の学生や通信教育課程の学生などが 2 万人以上いる。

学士課程は 4 年だが、専門習得には不充分なので、修士（マギストル）課程進学を前提にしている。モスクワ国立大学など、古い大学は学士課程を狭い専門習得に閉じ込めてしまい、窮屈な教育となっていることへの反省がある。学士課程では「広い専門教育」を目指している。修士課程在籍者は 1 万 1,000 人程度。ほかに専門職課程があるが、これは古い大学の課程で教育を行うもので、4 つの前身校中 3 つの旧専門学校母体の大学から引き継いだ教育システムであり、いろいろな国家資格を目指すもので、5 年間の課程である。例外的にしか修士に進学しない（ここでは修士課程までが

8　極東連邦大学ホームページ（http://www.dvfu.ru/）人文科学シュコーラは科学アカデミー極東支部考古学゠エスノグラフィー研究所、極東諸民族゠エスノグラフィー研究所等と講師派遣などで協力関係にあり、教育学シュコーラはウスリースクでも授業を開講している。地域゠国際研究シュコーラは東洋゠アフリカ学、外国地域研究、国際関係、政治学、言語学、基礎゠応用言語学、外国語文献学、ロシア語文献学の各学科からなっている。また、ボランティア養成センター、議会デベート゠クラブ、創造センター、学生組合、合同学生科学協会、学生イニシャティヴ発展センターを併設し、学生の自主的成長を援助している。

学部）。150 以上の教育プログラムを提供しているが、これは前身校が４つあるからで、いずれ統合していく予定である。

英語は学士課程の最初の２年間、週２コマ必修で習う。教員は地域=国際研究シュコーラに所属しているので、学生が移動して履修している（モスクワのような２重所属、３重所属はない）。

非専門の共通教育ということでは、哲学が２年間週１コマ必修で、セミナーも開かれている。スポーツも週２回必修で、ユニバーシアードやオリンピックにも選手を出している（キャンパスには立派なスポーツ施設が多く、力を入れている、とのこと）。ほかに、ここでは歴史、文化学（クリトローギア）を全学必修にしている。ただし、週時間数はシュコーラによってまちまちである（最低週１コマ）。

教員（ほとんどがキャンパス内に住んでいる）の負担はまちまちであるが、研究時間の保障は進んでいる。

教養教育に対する専門志向の教員の理解について尋ねると、「具体的な試験の日にち設定などで個別のコンフリクトはあるが、ロシア語、外国語の必要性などについては幅広い共通理解がある。カリキュラムの50％は国が決めていて（この大学はカリキュラム自主権をもつため、一般の国立大学より国家教育スタンダードへの準拠率は低い）、そのなかに教養教育（哲学と英語）が定められていること、２年間だけだということで、不満をもつ教員はいない」とのことであった。

インタビューの前、イヴァーノフ氏らの案内で、病院や独自の発電所まで附設された広大なキャンパスをひととおり見学した。1950 年代、ソヴィエト社会主義最盛期に建設された、堂々たる外観の建物にあるモスクワ国立大学物理学部の暗い殺風景な廊下と違い、このキャンパスの廊下はいずこも明るく、おしゃれなカフェがところどころにあり、学生の自学自習用に、世界の主要都市の現在時刻と主要通貨の為替レートが刻々表示される世界地図のパネル、銀行実務を教えてくれるロボット、語学教材・教育機器を備えたス

ポット（日本で言えば LL 自習室ということになるであろう）が構内に点在している。建物の外では学生が次の授業が行われる教室のある棟に移動するため、バスがひっきりなしに行き来していた。

4　カザンにて——おわりに

　義務教育を受け始めてから実質わずか 10 年で大学に入学する制度のもとでは、大学がカリキュラムを狭い専門に絞り込む必要もあったのであろう。しかし、それでもなお、教養主義的伝統[9]が息づき、思索や洞察、そして討論を要するセミナーや自学自習が重んじられていたこの国の「古典型大学」は、知の歴史に独特の存在感を放つロシア・インテリゲンツィアの揺りかごであり続けてきた。モスクワ国立大学ではいくぶんそのような伝統がまだ息づいているように思えた。しかし、真新しい、広大なキャンパスをもつ極東連邦大学は、あたかも効率を重視する企業マネージャーが設計したかのような趣があった。

　調査を終えた翌年、2014 年 10 月に筆者はたまたまロシア連邦タタールスタン共和国の首都、カザン市に出張した。その折、沿ヴォルガ（カザン）連邦大学の大学史記念室に旧知のステラ・ヴラジーミロヴナ・ピーサレヴァ室長を訪ねた。ピーサレヴァ女史はすでに 80 歳代後半。大学史のみならず、カザンの歴史を彩る知識人[10]の伝記に精通した歴史家である。前回の訪問時にはまだ「カザ

9　例えば、物理学部であっても入学試験には「文学」科目があり、"ロシア 5 大小説"の読了が前提されているなど、教育全体に教養主義的な理念が残っていた。

10　非ユークリッド幾何学の創始者（の 1 人）ニコライ・ロバチェフスキー（1792-1856）、有機化学のアレクサンドル・ブートレロフ（1828-86）はカザン国立大学の教授であった。2 月革命後の臨時政府首班アレクサンドル・ケレンスキー（1881-1970）、高名な物理学者エフゲニー・ザヴォイスキー（1907-76）は卒業生である。しかし、この大学は 2 人の中退者によってより名高い。レフ・トルストイ（1828-1910）とヴラジーミル・レーニン（1870-1924）もこの大学に学んだ。

ン国立大学」であった同校の改革後の変化について聞いてみると、ピーサレヴァ女史は即座に「大学改革は失敗です。古典型大学に勝る成果を何ら生み出していません」と吐き捨てるように言った。

　実は、筆者は2001年9月に、旧キャンパス時代の極東国立大学を訪れたことがあった。当時ヴラジヴォストーク市内中心部にあったキャンパスも決して狭くはなく、ゆったりした空間であったが、大勢の学生が行き来し活気があった。今回、12年ぶりにこの大学（正確にはその後継）を訪れたことになる。往時に比較して学生たちが妙に子どもっぽく思えた。自分が年をとっただけかもしれないが、何となく感じた寂寥感は何であっただろうか。ピーサレヴァ女史が信念としているように、大学が一流の知性を涵養する空間であるとすれば、スキルばかり重視する"イノヴェーションの担い手たる人材養成機関"にはもはやそれを期待できないのかもしれない。

【参考文献】
林幸秀編著、行松泰弘・神谷孝司・津田憂子著『ロシア科学技術情勢──模索続くソ連からの脱皮』丸善プラネット、2013
市川浩編著『科学の参謀本部──ロシア／ソ連邦科学アカデミーに関する国際共同研究』北海道大学出版会、2016

第 2 部

第6章

アメリカ合衆国の教養教育の歴史的展開の一断面
——19世紀後半から20世紀前半のハーバード大学を事例として

福留東土

はじめに

　アメリカ合衆国の大学における教養教育は、17世紀中盤における植民地カレッジの成立以来、多様な歴史をたどってきた。400年弱にわたる歴史の中で、さまざまな理念が提唱され、また多くの大学でさまざまな取組みが展開されてきた。植民地カレッジの教養教育は、ヨーロッパ中世大学に端を発する自由学芸七科と古典語教育を中心として展開された。18世紀には啓蒙思想が取り入れられ、アメリカ独立以降、特に19世紀に入ると科学の発展を契機とする知識拡大の影響を受け、教養教育の範疇は大きく広がった。各大学では、新たな教育研究組織が編成され、さらなる科学の発展が企図されるとともに、それら新たな知識内容がカリキュラムに取り入れられ、教養教育は大きな変貌を経験するようになる。とりわけ、19世紀後半から20世紀前半にかけては、研究大学の創設・発展によって科学の発展が促進される一方、知識の拡大と高等教育の位置付けの変容の中で、教養教育としていかなる内容を学生に教えるのが相応しいのかが激しく問われるようになった時代にあたる。こうした教養教育の多様な展開について、必修と選択、安定と成長、そ

して保守と革新という3つの対立軸を通して整理する見方がある[1]。もとより、教養教育の展開は理念と実践の複雑な交錯を孕み、その複雑性の中にこそ教養教育の本質があるという言い方もできる。こうした観点を踏まえつつ、本章では、具体的事例に即しつつアメリカの教養教育のあり方に迫ることを目的に、19世紀後半から20世紀前半にかけてのハーバード大学（Harvard University）における教養教育の展開を取り上げて論じる。前述の通り、この時期は全米での教養教育の再編期にあたり、ハーバード大学はその議論の1つの舞台となったからである。

1 19世紀後半から20世紀前半のハーバード大学

ハーバード大学では1869年にチャールズ・エリオット（Charles W. Eliot）が学長に就任し、以後40年の長期にわたって学長を務めた。19世紀後半は、各大学の変革を牽引した幾多の学長を輩出した「偉大な学長の時代」として知られるが、中でもエリオットは当時のアメリカの大学・教育界全体に多大な影響をもたらした人物として広く知られている。ハーバード大学においてエリオットは、研究大学院を創設・拡充するとともに専門職大学院の改革を推し進め、研究大学の基本的構成原理を整備し、「ユニバーシティ化」を成し遂げた。大学院に関するそれら改革の一方で、学士課程教育についてエリオットの行った最大の改革が自由選択科目制の導入であった。選択制は当時、拡大する知識領域を学士課程教育に取り込み、学生の学習意欲を喚起する上で効果的な手法とされ、多くの大学で取り入れられるようになった。中でも、エリオットの「自由」選択科目制は最も徹底したものだった。だが、エリオットの退任

---

1 Bastedo, M. N., "Curriculum in higher education: The historical roots of contemporary issues," In P. G. Altbach et al. (Eds.), *American Higher Education in the Twenty-First Century*, Johns Hopkins University Press, pp.462–485, 2005

後、学長となったローレンス・ローウェル（A. Lawrence Lowell）のもとで自由選択科目制は大きく変革され、「集中-配分方式」と呼ばれるカリキュラムの編成形態が導入されることとなる。以下ではその過程をみることで、当時の教養教育を巡る動きの1つを跡付けてみたい。

2　エリオットによる自由選択科目制

　エリオットの導入した自由選択科目制は、当時他大学にも大きな影響を及ぼしたとされており、アメリカ大学史において重要な画期をなす出来事と位置付けられている。1869年にハーバード大学の学長となったエリオットは就任に際して大学院改革以上に学士課程教育の改革を推し進める意欲を示していた[2]。選択科目制自体はエリオット以前から導入されていたが、エリオット以降、選択科目制の強化が段階的に図られるようになる。それまでは学年によって学修内容がほぼ定められていたが、以降は「学年」に代わって、「科目」がカリキュラムの主要構成単位となっていく。それだけ、学生が所属学年にとらわれずに、自分の関心と意思に基づいて科目を選択できるようになったわけである。1895-96年度には必修科目がほぼ皆無となる究極的な「自由」選択科目制が実現されることとなる。若干の細かな履修要件は付されていたものの、卒業要件として履修科目数（取得単位数）以外に特段の定めがなく、基本原理として学生がいついかなる科目を履修することをも許容されるカリキュラムが現出することとなった。上述した「ユニバーシティ化」の流れの中で、近代的・科学的知識を研究大学へ導入する制度的枠組みを提供したという意味において、学士課程において選択科目制を導入・強化することは大きな意義を持った。一方で、そうした文脈を一度

2　Eliot, C. W., "Inaugural address as President of Harvard, 1869," cited in Hofstadter, R. & Smith, W. (Eds.), *American Higher Education: A Documentary History, Volume 2*, The University of Chicago Press, pp.601-624, 1961

脇に置いて、若者の将来に必要となる基盤的な知識や能力を与えることを目的とする学士課程教育の編成原理の1つとして選択科目制を位置付けようとするとき、その意味合いはいかなるものととらえられるだろうか。

　例えば、Brubacher & Rudy（1997）は19世紀後半における選択科目制を4つの類型に分類している。第1は、エリオットのハーバード大学に代表される自由選択科目制である。第2は、必修と選択の共存方式であり、前半2年は必修科目中心で、後半2年に選択科目が多く配置されるカリキュラム形態である。当時、コロンビア大学、プリンストン大学、イェール大学などで採用されていた。第3は、専攻-副専攻方式であり、3年次はじめに専攻（副専攻）を選択する方式である。ミシガン大学、ウィスコンシン大学などの州立大学で多く採用されていた。そして、第4は、グループシステムと呼ばれる方式であり、哲学、歴史、自然科学などの専門分野ごとに科目をグループ化し、各グループの科目を中心に履修させる専門教育プログラムである。研究大学院の端緒をなしたジョンズホプキンス大学の学士課程で採用されていた。こうして、当時の科目選択制の主だった形態を俯瞰してみると、ハーバード大学のカリキュラム形態は選択制の原理を究極まで推し進めたものであると同時に、編成原理としては特殊なものであったことがうかがわれる。

　エリオットの方式を巡っては、当時の高等教育界においてさまざまな議論や見解が提起されたことが知られている。最も強力な反対者はイェール大学のノア・ポーター学長であり、また、プリンストン大学長ジェームズ・マコッシュとエリオットの間で交わされた論争は選択科目制を巡る議論としてしばしば取り上げられる（ルドルフ，2003；Brubacher & Rudy，1997；潮木，1993）。すなわち、エリオット改革に対しては多様な評価が存在していたのであり、それは、ハーバード大学史家のサミュエル・モリソンによる次の2つの言葉に象徴されている。

第6章　アメリカ合衆国の教養教育の歴史的展開の一断面　　69

「エリオットはアメリカの若者から古典の遺産を奪ったという意味において、19世紀における教育上の最大の罪に最も責任を負う人物である」

「将来、その意義が批判されることがあったとしても、アメリカ高等教育において選択制の原理ほど広範に、また深く広がった原理はなかった。エリオットは選択制度の不屈の提唱者であり、ハーバード・カレッジを選択制の実験室にした」

（Morison, 1936）

3 変化への胎動

こうした多様な評価はハーバード大学内においても同様であった。1880年代から教員や理事の間には選択科目制の行き過ぎに対する危惧が存在していたとされる。世紀転換期のハーバードでは、科目選択制の実態を検証するための検討が複数行われている。その内容は多岐にわたるが、概ね、自由選択科目制は全体としてはうまく機能しているものの、部分的に改善を要すべき点が少なくないとの批判を含んだものとなった。学生たちは概して自由選択科目制を好んだが、それは、学習意欲のある学生には最大限の機会を提供し、また学習に意欲を持たない学生はできるだけ楽をして課外活動など学習以外のことに没頭することが可能な制度だったからである（Morison, 1936）。調査を通して、入門的な科目以外の科目をほとんど履修していない学生や、特定の分野に関する深い学習を行っていない学生が存在するという実態が浮き彫りとなった。こうした中で、自由選択制を取り巻く学内の空気は徐々に変化し始めることとなる。

1902年、学士課程教育の実態を検証するために学内に教育改善委員会が編成された。委員長は次期学長となるローウェル（当時は政治学教授）であった。学生と教員を対象とする調査を通して、大部分の学生は自由選択制のもとで自分の科目選択に満足しているこ

とが示され、また、各科目での教員と学生の関係も良好であると指摘された。その一方で、報告書の中では、学生の学習時間が短いことが明らかとされた。また、科目選択が無計画に行われている、簡単な科目が好まれ、科目内容ではなく開講時間が履修決定の際の優先事項となっている、学生が一度に多くの科目を取り過ぎて科目の水準を上げることが難しい、優等学位が学習のインセンティブになり得ておらず、学習の動機付けを高める必要がある、といった諸問題の指摘が行われた。こうした一連の問題には、必ずしも自由選択制にその原因が帰せられるべきでないものも含まれていた。だが、実態としては、報告書による現状の問題点の指摘は、カリキュラム改革に対する学内の機運を高めることとなった。

4 ローウェルによる「集中-配分」方式

1909年、エリオットの後任の学長に就任したローウェルは時を移さず、「集中-配分」方式の導入に踏み切った。ローウェル就任から数年後、1912-13年度のカタログでは、カリキュラムの趣旨が次のように述べられている。

> 「[ハーバードの学士課程カリキュラムは]教養教育を学ぼうとする者に最大限可能な機会の自由を保証するように設計されている。……学生は、全員が1つの分野でかなりの量の学習を行い、かつそれ以外の科目を十分に幅広く学ぶという原理に従った上で、各人の学習計画を立てることが許されている」

「最大限可能な機会の自由」や「各人の学習計画」といった言葉に、それ以前の自由選択科目制の理念を引き継いでいることが示唆されている。一方、ここでは「集中」と「配分」という二大原則に基づいて科目履修が進められなければならないことも言明されている。

具体的なカリキュラムは以下のようなものであった。まず、卒業要件としては16科目以上の履修・合格が求められていた。このう

ち、学習の深さを求める「集中」としては、特定分野から6科目以上の履修が要求された（ただし、1年生用の科目あるいは初歩的な内容の科目は2科目まで）。一方、学習の広さを求める「配分」としては、「言語・文学・芸術・音楽」「自然科学」「歴史・政治学・社会科学」「哲学・数学」の4分野のうち各自の集中分野を除く3分野から6科目以上が求められた。これら要件を満たす上で、学生が完全に自由に履修できるのは4科目までに制限されることとなったのである。

こうしたカリキュラムの意図についてローウェルは、最初の学長報告書の中で、学生に体系立った教育を保証する科目選択を行わせること、およびカリキュラムを全体としてとらえさせ、より真剣な姿勢で計画させることの2つをあげている[3]。こうして集中-配分方式の具体的な内容をみてくると、学生が自分の学びたい分野や科目を選択するという、自由選択時代の基本的な趣旨は維持させつつも、しかしそれらを学生の「自由」に任せるのではなく、ある程度の条件と制約を課すことで深さと広さを確保しつつ、学生の学習を方向付けようとしていることが見てとれる。

5 「集中-配分」方式を支えた理念

ローウェルは学長就任演説のほぼ全文を学士課程教育改革の必要性に充てていた[4]。ローウェルはカリキュラム以外の面でも学士課程教育、およびカレッジの学生生活全般にわたる諸改革を実行した。主だったものとしては、集中分野における卒業試験の導入、チュートリアル（個別指導）の導入、優等学位制度の強化、学寮制度の強

3　Lowell, A. L., "President's report for 1908-09," in Harvard University (Ed.), *Annual Reports of the President and Treasurer of Harvard College 1908-09*, Harvard University, pp.5-33, 1910
4　Lowell, A. L., "Inaugural address as President of Harvard," 1909, in Lowell, A. L., *At War with Academic Traditions in America*, Greenwood Press Publishers, pp.3-11, 1934

化があげられる（Yeomans, 1948）。こうして、エリオットによる自由化の方向を大きく軌道修正したローウェルの諸改革を支えた理念として、「連帯」「学識」「競争」「主体的学習」の4つをあげることができる（Lowell, 1934）。これらを軸に、ローウェルによる学士課程教育に対する考え方の概略をみていく。

　ローウェルは、エリオット在任中から自由選択科目制に対する批判を展開していた（Lowell, 1934）。それによれば、選択科目制の有効性を支える考え方には次のような前提が置かれているという。まず、学生は押し付けられた科目ではなく、自分で選んだ科目をより積極的に学ぶと考えられ、学生は自分の必要性に応じて科目を選択する。それゆえに、学生に科目選択の責任を与えること自体が教育的価値を持つとされる。だが、ローウェルは、学生が自ら選んだ科目を積極的に学ぶというのはその通りだとしても、学生が各人の強みや弱みを十分に認識し、妥当な選択を行いうる明確な視野を持っていなければ、自分の必要性に応じた科目を選択することは難しいとする。科目選択の機会を与えるだけで、学生が自らにどんな知識が必要かを理解し、自分の学修を賢明に計画する責任を身に付けるわけではないというのである。ゆえに、科目選択制が成功するためには、学生が自分の学習計画について考えるよう奨励されると同時に、科目選択にあたって、教師の知見や経験が活かされることが必要である。

　また、ローウェルは学士課程教育の目的と方法を次のように位置付けていた（Lowell, 1934；Yeomans, 1948）。ローウェルは、学士課程教育は、思考の全般的鍛錬であり、特定の知識の修得ではないと考えていた。思考の鍛錬は、思考の堅固さと健全さ、幅広さと柔軟さという2つの観点からとらえられる。その上で、前者を養うためには、全力で取り組むべき1つの分野の学習を継続することが必要である。すなわち、ある分野で厳格な思考の訓練を経験することが重要であるとする。ただし、知識修得そのものが目的ではないため、どの分野を選ぶかは二の次であり、むしろ厳しい思考

第6章　アメリカ合衆国の教養教育の歴史的展開の一断面　　73

の鍛錬の過程が存在するかどうかが条件となる。そのような鍛錬は、単一の分野を、その原理を十分に修得する段階まで徹底して学ぶことによって得られるのであり、さまざまなトピックに少しずつ時間を充てることによってではない。その一方で、真の意味で教育ある人間とは、世界をさまざまな観点からとらえることのできる人であり、同時代や過去のさまざまな思想家の考えを理解し、的確に評価することのできる人である。こうした方法によってのみ、幅広く包括的な見方を身に付け、さまざまな経路から知識がもたらされるよう、心を開いておくことができるとする。十分な教育を受けた人は、基本的な諸概念と思考方法を身に付けておかなければならない。これらは個々の分野に帰属しており、ゆえにこれら分野はいくつかの大括りな領域に分割することができる。例えば、物理科学に属する諸分野の思考方法は相互によく似通っている一方で、文学や形而上学にあたる分野のそれとは根本的に異なる性質を持っている。こうした考え方による分野の分類に基づき、すべての学生が学習の一部を自然科学、哲学、歴史、文学、芸術などの分野に充てるべきである。ローウェルは、「あらゆる事柄について何らかの知識を持っており、その中のある部分についてよく知っていること」を奨励しており、こうした考え方が「集中-配分」方式のカリキュラムに体現されているとみることができる。こうした考え方を背景にローウェルは「科目単位から分野の学習へ」を提唱した。また、上記のような学士課程の目的に照らして、学士課程において専門職教育を行うことには明確に反対している。優れた学士課程教育が、大学院教育、専門職教育の土台にあるべきだからである。だが、当時は自由な選択のもとで学士課程において実質的な専門職教育を行っている学生が多く、それを大学院レベルの専門職大学院での教育へと移行させることがローウェル時代の教育改革のもう１つの主眼となったのである。

おわりに

　以上、本章では、19世紀後半から20世紀前半に至るハーバード大学のカリキュラム改革を取り上げて論じてきた。エリオットの自由選択制はアメリカ高等教育に大きなインパクトを与えた一方、それはあくまで多様な改革の1つであり、現代の学士課程教育の原型となっているわけではない。一方、自由選択科目制を変革したローウェルの考え方を見れば、2つのカリキュラム編成形態は相対立するものではなく、極端な自由によって生じた問題を修正する方策として、履修のバランスを重視する中で登場したのが集中-配分方式であったと位置付けることができる。ローウェル以降、今度は学習の幅広さをより強調する一般教育理念の明確化により、深さと広さのバランスがいっそう図られるようになる。それは、科目履修方法としての「配分」から理念を伴った「一般教育」への移行であったと位置付けることができる。時代的、理念的にみて、ローウェルの改革は、自由選択制と一般教育という学士課程教育を巡る大きな動向をつなぐ役割を果たしたとみることができるのである。

【参考文献】

Brubacher, J. S., Rudy, W., *Higher Education in Transition: A History of American Colleges and Universities* (4th Edition), Transaction Publishers, 1997

Geiger, R. L., *The History of American Higher Education*, Princeton University Press, 2014

Lowell, A. L., *At War with Academic Traditions in America*, Greenwood Press Publishers, 1934

Morison, S. E., *Three Centuries of Harvard: 1636–1936*, The Belknap Press of Harvard University Press, 1936

フレデリック・ルドルフ著、阿部美哉・阿部温子訳『アメリカ大学史』玉川大学出版部、2003

潮木守一『アメリカの大学』講談社学術文庫、1993

Yeomans, H. A., *Abbott Lawrence Lowell, 1856-1943*, Harvard University Press, 1948

第7章

カリフォルニア州立大学における
一般教育カリキュラム

吉田香奈

はじめに

　2013 年現在、アメリカには 4,724 校の高等教育機関があり、2,036 万人の学生が在学している。なかでも、カリフォルニア州は全米最大の州であり、469 校の高等教育機関において 264 万人の学生が学んでいる。このうち 215 万人（81％）を占めるのは公立大学の学生であり、私立大学の学生が 7 割以上を占める日本とは反対の状況にある。学生の大半が在学している公立大学では、どのような教養教育が実施されているのだろうか。本章では、約 46 万人の学生が学ぶカリフォルニア州立大学（California State University、以下 CSU とする）を事例に取り上げ、検討を行うことにする。

　具体的な考察に入る前に用語の定義について確認をしておきたい。アメリカでは liberal education や general education という用語が使用されている。この違いは何なのだろうか。1,300 以上の会員校で構成される全米大学・カレッジ協会（The Association of American Colleges & Universities、以下 AAC&U とする）によれば、liberal education とは科学や文化、社会などに関する幅広い知識を学ぶと同時に、固有の領域を深く学ぶことを通じて、社会的責任、コミュニケーション能力、分析力、問題解決能力といったす

べての領域に関わる高い知的・実践的能力や応用力の育成を図るものと定義されている。これは学士課程教育全体を通じて行われる。一方、general education とは liberal education のカリキュラムの一部を構成するものであり、すべての学生が共通に学ぶものと定義付けられている。多様な学問領域を学ぶことを通じて、必須の知的・実践的能力や市民として必要な能力を形成することが目指されている。日本において教養教育という用語は専門教育に対比して使用されるが、これは AAC&U の定義する general education の意味に近いと言えよう。そこで、本章では、カリフォルニア州立大学の general education のカリキュラムに注目して、その特質と課題を検討してみたい。general education の訳語としては「一般教育」という用語を使用する。

　アメリカの一般教育に関する先行研究では、これまで私立大学の事例が数多く取り上げられてきた。例えば、ハーバード大学、スタンフォード大学、シカゴ大学、コロンビア大学など、少人数教育を主体とした特色ある教育が実施されていることが報告されている（有本，2003）。一方、公立大学の事例研究は比較的少なく、カリフォルニア大学（University of California、以下 UC とする）やミシガン大学などの研究を主体とした公立大学の事例が報告されている程度である（吉田文，2013）。本章で取り上げる CSU は教育を中心的機能に据えた事例であり、アメリカの一般的な公立大学の姿を理解するのに適した事例と言えよう。なお、本章の執筆にあたり CSU の１校であるサンフランシスコ州立大学（San Francisco State University、以下 SF State とする）の学士課程教育および学生相談の責任者へのインタビューを行った。本章はその成果に基づくものである。

1 CSUの一般教育カリキュラムの編成基準

1-1 CSU 一般教育要件

　CSU は 23 大学で構成され、約 46 万人の学生を抱える巨大な公立大学システムである。25 名の理事で構成される理事会（Board of Trustees）がシステム全体を管理しており、最高責任者として総長（chancellor）が置かれている。システム全体に関わる教育・研究や人事等の方針を審議する機関は学術評議会（Academic Senate）であり、50 名を超える教員が各大学から委員として参画している。一般教育については学術評議会の下に置かれた一般教育諮問委員会（General Education Advising Committee：GEAC）で審議される。

　CSU の一般教育の大きな特徴は、一般教育のカリキュラムの編成基準が定められていることである。1980 年、CSU 理事会は一般教育カリキュラムの基準である一般教育要件（General Education Breadth Requirements）を策定し、Executive Order No.338 を公表した。CSU が一般教育について共通の基準を設けたのはこれが初めてのことであり、各大学はこれに準拠したカリキュラム編成を行うことが求められた。この導入の背景には、コミュニティ・カレッジから CSU へのスムーズな編入学を促進するという目的が存在した。カリフォルニア州では学士課程の前期課程（lower division）の半数以上の学生がコミュニティ・カレッジ（California Community College、以下 CCC とする）で学んでおり、その卒業生が CSU の後期課程（upper division）へ進学する機会を確保することは州の大きな政策課題であった。そこで、既修得単位の認定の円滑化を図り、進学を促進するために CSU システム全体の一般教育カリキュラムの編成基準が設定されたのである。

　一般教育で修得する単位数は 48 単位に設定され、科目区分は〈領域 A〉9 単位：英語・オーラルコミュニケーション、〈領域 B〉12 単位：自然科学（数学・量的推論を含む）、〈領域 C〉12 単位：

78

芸術・文学・哲学・外国語、〈領域 D〉12 単位：社会科学、〈領域 E〉3 単位：生涯学習・自己啓発、とされた。これは、学問領域別のカリキュラム編成の典型的なモデルであり、現在まで基本的に受け継がれている。アメリカではこのようなモデルは一般に「配分モデル」（distribution model）と呼ばれている（Hanstedt, 2012）。ただし、CSU のカリキュラムで特徴的なのは、48 単位のうち 9 単位を後期課程で履修することが義務付けられており、さらに「特に後期課程段階では統合的な科目（integrative courses）の開設を検討すること」が強調されている点である。配分モデルは各学問領域を幅広く学習できるという特徴があるが、一方で断片的にしか知識を修得できないという課題を抱える。これに対して科目間、分野間、専攻間、学問領域間、アカデミック・非アカデミック間の授業を関連づけながらカリキュラムを構成する方法は「統合モデル」（integrative model）と呼ばれ、学生にそれらの関係性をより深く理解し考察する機会を与えることができるメリットがある。AAC&U（2009）の調査によれば、配分モデルを採用している大学は 79％にのぼるが、この中で配分モデルのみでカリキュラムを編成している大学はわずか 15％に留まり、残りの 64％の大学は配分モデルと統合モデルの組み合わせで編成を行っているという。CSU もこの配分モデルと統合モデルの折衷に該当するといえよう。

　さらに、1991 年、CSU、CCC、UC は 3 つの高等教育セグメント間の編入学を促進するためにセグメント間学術評議会（Intersegmental Council of Academic Senates：ICAS）を設置し、「セグメント間一般教育編入学カリキュラム（Intersegmental General Education Transfer Curriculum、以下 IGETC とする）」という基準を策定した。これは、一般教育の既修得単位の認定基準をセグメント間で共通化し、よりスムーズな編入学を促進しようとするものであった。現在、IGETC は前期課程で修得する一般教育の単位数を 39 単位に設定し、科目を〈領域 1〉9 単位：英語コミュニケーション、〈領域 2A〉3 単位：数学・量的推論、〈領域 3〉9 単位：芸術・

人文科学、〈領域 4〉9 単位：社会・行動科学、〈領域 5〉7 ～ 9 単位：物理・生物科学、に区分している。UC への編入学についてはさらに〈領域 6〉英語以外の外国語、を課している。また、アドバンスト・プレースメント（Advanced Placement：AP）や国際バカロレア（International Baccalaureate：IB）で修得した単位の認定も盛り込まれている。

　IGETC 導入の翌 1992 年には、CSU は一般教育要件を改正し、各領域を以下のように細分化している。すなわち、〈領域 A〉9 単位：A1・オーラルコミュニケーション、A2・文章コミュニケーション、A3・批判的思考力、〈領域 B〉12 単位：B1・物理科学、B2・生命科学、B3・実験科学、B4・数学・量的推論、〈領域 C〉12 単位：C1・芸術、C2・文学・哲学・外国語、〈領域 D〉12 単位：D1・人類学・考古学、D2・経済学、D3・民族学、D4・ジェンダー研究、D5・地理学、D6・歴史学、D7・学際的社会・行動科学、D8・政治学・行政・法制度、D9・心理学、D0・社会学・犯罪学、〈領域 E〉3 単位：生涯学習・自己啓発、である。ただし、2015 年の改正（Executive Order No.1100）では領域 D の D1 から D0 までの区分が廃止されており、各大学では社会科学領域のカリキュラム編成をより柔軟に行うことが可能となっている。

　以上のように、CSU ではシステム全体の一般教育要件を定めており、非常に集権的な制度運営がなされている。また、その改訂の歴史は規制の強化と緩和の繰り返しであったといえよう。ただし、その背景には、4 年制大学への編入学を促進するという州全体の政策目標が存在していたことが指摘できる。

1-2　一般教育要件への学習成果の導入

　近年の CSU の一般教育要件の大きな改正点は、一般教育要件 Executive Order No.1033 に学生の学習成果（student learning outcomes）の項目が盛り込まれたことである（CSU, 2008）。これは、CSU が一般教育の質を改善・向上させる責任を果たさなけ

ればならないという理由からであった。

2008 年、CSU 総長室は AAC&U が実施する「教養教育とアメリカの約束（Liberal Education and American Promise、以下 LEAP とする）」と「コンパス（Give Students a Compass: A Tri-State LEAP Partnership for College Learning, General Education, and Underserved Student Success）」という 2 つのプロジェクトに参加している（O'Donnell ほか，2011）。前者は AAC&U が 2005 年に開始した取組みであり、学士課程の学生が身に付けるべき 4 つの必須学習成果（Essential Learning Outcomes）として「人類の文化、物質世界・自然界に関する知識」「知的・実践的能力」「個人的・社会的責任」「学習の統合」を掲げ、その達成に向けて各大学が取り組むべき効果的な実践（High-Impact Practices）やルーブリック（rublic）の活用を推奨している。また、コンパスプロジェクトは 2008-11 年に LEAP の一環として行われた、特に不利な立場の学生への学習支援の取組みである。

CSU 総長室は、2008 年の一般教育要件の改訂に際し、各大学に対して AAC&U の上記の 4 つの必須学習成果の枠組みを利用して具体的な学習成果を規定することを求めた。具体例として「明確かつ論理的に考える力」「情報コンピテンシー」「効果的にオーラルコミュニケーションする力」「効果的に論述する力」「量的推論の概念やスキルを問題解決に応用する力」「情報に基づき倫理的に決断する力」「科学的な手法を理解し、応用する力」「留学経験を一般教育の領域で活かす力」「科学技術を知的成長や効果的な人間関係の構築に役立てる力」等の例も示された。さらに、コンパスプロジェクト委員会はサクラメント州立大学（Sacrament State University）、CSU チコ校（CSU Chico）、サンノゼ州立大学（San Jose State University）の 3 校を指定し、LEAP を利用した一般教育カリキュラムの見直しや効果的実践の推進を支援している。これらの取組みは CSU システム内部で紹介され、教育改善や学習成果の測定が推進されている。

このように、CSU の一般教育要件への学習成果の導入は、AAC&U という学外の大学団体の取組みを利用して推進されたものであった。CSU のような巨大な公立大学システムがこのような取組みに参加することは、アメリカの高等教育において大きなインパクトを持つものと推察される。州政府によるアカウンタビリティの要求やアクレディテーションにおける学習成果の強調が強まる中、AAC & U との連携という手法は、日本における大学の教育改善の支援のあり方に 1 つの示唆を与えるものと思われる。

2 サンフランシスコ州立大学 (SF State) の事例

最後に、SF State の事例を見ていきたい。カリフォルニア州サンフランシスコ市に位置する SF State は CSU システムの 1 校であり、1899 年にサンフランシスコ州立師範学校 (San Francisco State Normal School) として創設され、1960 年に現在の CSU システムに組み込まれた歴史を有している。2014 年秋現在、学生数は 29,905 名（うち学士課程 26,156 名）であり、78 分野の学士号、63 分野の修士号を授与する大規模公立大学である。編入学が盛んであり、2014 年秋の新入生 6,958 名のうち 3,204 名（46％）を編入生が占めている。新入生の半数が編入生という状況は日本では考えられないが、CSU の各校では一般的である。

学士号取得要件単位数は 120 単位（セメスター制）であり、一般教育 48 単位（うち 9 単位は後期課程で取得）に加えて専攻（major）の単位を取得しなければならない。専攻の選択は入学願書を提出する段階から可能であり、多くの学生は初年次から一般教育に加えて専攻科目を受講する。

一般教育の実施体制は以下のようになっている。すなわち、最終的な意思決定は学術評議会（Academic Senate）で行われるが、その下に置かれた学士号要件委員会（Baccalaureate Requirement Committee：BRC）が具体的な審議を行う（SF State, 2014）。

BRC は一般教育の方針や実施、評価等に関するすべての事項について審議し、学術評議会に対して改善を勧告する。BRC の下には前期課程と後期課程を担当する小委員会が置かれており、一般教育科目の開設の承認や評価を担当している。これらの活動を支えるのは事務部門の学士課程教育学術計画部（Division of Undergraduate Education and Academic Planning：DUEAP）であり、部長（Dean）の下に部長室、カリキュラム室、学習支援センター、学士課程学生相談センター等が置かれている。

　表 7-1 は 2014 年に改訂された一般教育カリキュラムである。CSU 一般教育要件 Executive Order No.1033 の枠組みに沿って編成されているが、A4、C3、D1 ～ 3 については SF State が独自に設けている領域である。CSU 一般教育要件に準拠しつつ、力を入れたい領域については大学が独自に工夫できる余地が残されていることが分かる。

　SF State の訪問調査では、特に「オーバーレイ（overlays）」と呼ばれる独自の要件が強調されていた。これは、SF State が重要視する 4 つのテーマ「米国の人種・民族的マイノリティ」「環境の持続可能性」「グローバルな視点」「社会的正義」と関連する科目を一般教育、専攻、副専攻、選択科目等から広く指定し、前期課程または後期課程で最低 1 科目以上履修することを義務付けるものである（なお、オーバーレイは 2015-16 年度から SF State Studies に名称を変更している）。例えば A3 の開講科目の 1 つである「批判的思考とアジア系アメリカ人の経験（Critical Thinking and the Asian American Experience）」はアジア系アメリカ人の経験やアジア系アメリカ人研究の主要なテーマを理解し、議論することを通じて批判的思考力の基礎的スキルを身に付けることを目的としており、オーバーレイ科目「米国の人種・民族的マイノリティ」にも指定されている。

　また、3 年次以降の後期課程で履修する 9 単位分については領域 B、C、D のコース番号が 300 番台以上の科目から履修するが、内

表 7-1　サンフランシスコ州立大学の一般教育要件

EO-1033	SF領域	科目レベル	要件	単位数
A1	A1	LD	オーラルコミュニケーション	3
A2	A2	LD	文章コミュニケーション I	3
A3	A3	LD	批判的思考力	3
	A4	LD	文章コミュニケーション II	3
B1	B1	LD	物理科学	3
B2	B2	LD	生命科学	3
B3	B3	LD	実験科学	1 ※
B4	B4	LD	数学・量的推論	3
C1	C1	LD	芸術	3
C2	C2	LD	人文科学	3
	C3	LD	人文科学：文学	3
D	D1	LD	社会科学	3
D	D2	LD	社会科学：米国史	3
D	D3	LD	社会科学：米国・カリフォルニア州の政治	3
E	E	LD/UD	生涯発達・自己啓発	3
B	B	UD	物理・生命科学	3
C	C	UD	芸術・人文科学	3
D	D	UD	社会科学	3
		LD/UD	米国の人種・民族的マイノリティ	※
		LD/UD	環境の持続可能性	※
		LD/UD	グローバルな視点	※
		LD/UD	社会的正義	※

LD＝前期課程、UD＝後期課程、※＝オーバーレイ（overlays）

容は総合的でテーマ型の授業が多い。例えば「カリフォルニア州の水（California Water）」という科目は領域Bの後期課程科目であり、カリフォルニア州が直面する水問題をさまざまな角度から考察する。なお、後期課程科目は、教員チームが1つのテーマを設定して関連する科目を領域B、C、Dから指定する「統合学習オプション（Integrated Studies option）」や、「海外留学オプション（Study Abroad option）」の科目も用意されている。後期課程の学びを豊かにし、幅広く学んだ知識を統合する工夫がなされている。

なお、2008年のCSUの一般教育要件の改訂で導入された学習成果の設定についてSF Stateは迅速に対応している。卒業要件検討委員会（Graduation Requirements Task Force：GRTF）が2009年に公表した最終報告書には、学士課程の6つの教育目標として「生涯にわたる知的努力のためのコンピテンス」「知的な達成」「多様性の尊重」「倫理的行動」「知識の統合と応用」「心・精神の質」が盛り込まれた。さらに、6つの教育目標に加えて、一般教育の各領域別に学習成果が詳細に設定され、両者の関係性が明示された。例えば、領域A1のオーラルコミュニケーションについては9つの学習成果が掲げられ、これらと6つの教育目標との関係性が一覧表の形式で示されている。学士課程教育学術計画部へのインタビューでは、これらの改善は2014年秋の入学者より適用されるとのことであった。また、今後の課題は、これらの学習成果をどのように測定するかであるとのことであった。

おわりに

　今回取り上げたCSUの一般教育要件の特徴は、1）カリキュラムの編成基準が設定されており、23校はすべてこれに準拠しなければならないこと、2）IGETCのような3つのセグメントに関連するカリキュラム基準が存在すること、3）CSU一般教育要件は「配分モデル」を基本としつつ一部に「統合モデル」が導入された折衷モデルであること、4）近年の改革として学習成果の設定がCSU一般教育要件に盛り込まれたこと、と指摘できる。過去30数年の間にカリキュラム編成の集権化が進んだ背景には、CCCからCSUやUCへの編入学を促進するという州の政策目標が存在していた。ただし、SF Stateの事例からも分かるように、大学独自の工夫を行う余地も残されている。

　なお、SF Stateの学士課程教育学術計画部長へのインタビューでは、「統合モデル」は理想的であるが、小規模大学でかつコー

ディネートを行う職員や大学院生への十分な資金提供ができる環境であれば成功するのであり、SF State のような大規模大学において「統合モデル」を推進することは非常に難しい、との発言があった。BRC の年次報告によれば、2014-15 年度の一般教育の科目数は前期課程 181 科目、後期課程 278 科目（領域 B・29 科目、領域 C・133 科目、領域 D・116 科目）、領域 E・77 科目、オーバーレイ 444 科目と非常に多い。これだけの科目を開設し、その質を維持していくことは容易ではない。アメリカの一部の私立大学で実施されているような共通シラバス・テキストによるコアカリキュラムの試みなどはまずは困難であろう。その点は日本の大学も同様である。質の高い一般教育を提供するために、各大学は独自の工夫を続けることが求められている。しかし、本章で紹介した事例は、その取組みが容易ではないことを物語っている。

【参考文献】

Association of American Colleges and Universities, *Trends and Emerging Practices in General Education: Based on A Survey Among Members of the Association of American Colleges and Universities*, Hart Research Associates, 2009

California State University Office of the Chancellor, General Education Breadth Requirements—Executive Order No.1033, 2008

Hanstedt, Paul, *General Education Essentials: A Guide for College Faculty,* Jossey-bass, 2012

San Francisco State University, Requirements for Baccalaureate Degrees, Majors, Concentrations, Minors, and Certificates: Academic Senate Policy #F13-255, 2014

Wehlburg, Catherine M., "Integrated General Education: A Brief Look Back", *New Direction for Teaching and Learning*, No.121, 3-12, 2010

O'Donnell, K., Hecsh, J., Underwood, T., Loker, W., Trechter, S.A., David D., White A., "Putting High-Impact Practices and Inclusive Excellence at the Center of GE Reform: Lessons from the California State University LEAP Initiative", *Peer Review*, Vol. 13, No. 2, 2011

有本章編『大学のカリキュラム改革』玉川大学出版部、2003

吉田文『大学と教養教育——戦後日本における模索』岩波書店、2013

第8章

米国のリベラル・アーツ・カレッジの変容
—— マウント・ホリヨーク大学のカリキュラム

的場いづみ

はじめに

　本章執筆の契機となったのは、マウント・ホリヨーク大学の授業科目便覧である。30 年ほど前、同大学の 1985-86 年の授業科目便覧を熟読する機会に恵まれた。それから十数年後に 2000-01 年の同大学の授業科目便覧を手にすると、一見して冊子の厚さが増し、授業科目数の増加がうかがえた。そのため、2011 年に米国の大学での教養教育を調査する機会を得た際、リベラル・アーツ・カレッジであるマウント・ホリヨーク大学のカリキュラムとその内容の変化を調べることにより、米国社会での教養教育に求めるものの変化の一端を見ることができるのではないかと考え、調査を実施した。

　調査内容に入る前に、米国におけるリベラル・アーツ・カレッジと、マウント・ホリヨーク大学がその中でどのような位置にあるかを簡単に説明する。米国の大学は多岐にわたり、その分類法も 1 つには定まらないが、四年制大学に限るならば、(1)大学院課程を備え、専門的、職業的な学位を出す総合大学、(2)リベラル・アーツ・カレッジ、(3)単一の職業専門に集中する特殊大学の 3 つに分類することができる。リベラル・アーツの「リベラル」とは迷信や社会的な権威から自由であることを意味し、リベラル・アーツ・カレッジは高度な教養を備えた市民を生み出すことを目指している。

87

市民としての高度な教養を授けるため、リベラル・アーツ・カレッジでは、1つの高度な専門分野における教育を限られた範囲で掘り下げるというよりもむしろ幅広く学び、さらに社会が直面する問題を歴史上の問題と照らし合わせて分析的に考える能力を涵養しようとしている。専門的、職業的な教育では短期的な視野の問題解決に陥る危険性があることを踏まえ、幅広く長期的な視野で問題を考える教育をリベラル・アーツ・カレッジは提供しようとしている。

デイヴィッド・W. ブレネマンは 1994 年の著書でリベラル・アーツ・カレッジの特徴として、小規模で、フルタイム学生がほとんどで、専門職大学院課程に進む学生に対する予備専門教育の側面を持つこととともに、「当世の学生たちの就職市場に対する気がかりにおもねることのないカリキュラム」を提供していることをあげている[1]。一方で、ブレネマンはリベラル・アーツ・カレッジの中には就職市場の要請に対応するために異なる型の大学に変化し、リベラル・アーツ・カレッジのカテゴリーから逸脱した大学が相当数出ていることも指摘しており[2]、1990 年代半ばには就職市場がリベラル・アーツ教育に変容を促していたこともうかがえる。

今回調査したマウント・ホリヨーク大学は 1837 年に設立された米国初の女子大学で、セブン・シスターズと呼ばれる名門私立女子大学の一角をなす。米国でのリベラル・アーツ・カレッジ・ランキングで常にトップ 1％ に入り、化学や生物といった理系教育に強いと言われている。2010 年の時点では卒業生の約 30％ が大学院等に進学している。

調査は 2011 年 3 月に主としてマウント・ホリヨーク大学の文書館で行った。1965-66 年から 2010-11 年までの 35 年間の授業科目便覧を概観し、掲載されている授業科目数と便覧の頁数を比較した。さらに該当する年度の収支報告書や学生への配付資料等を探

1　デイヴィッド・W. ブレネマン著、宮田敏近訳『リベラルアーツ・カレッジ——繁栄か、生き残りか、危機か』玉川大学出版部、p.26、1996
2　同上、p.28

し、学部学生数や専任教員数、授業料、奨学金等を調査した。

1　カリキュラムの変化

　30 年以上にわたる変化を概観するために、授業科目便覧は 1965-66 年から 2010-11 年まで 5 年毎に計 10 冊を抜き出し、比較可能な項目を整理した。ちなみに、卒業に必要な単位数は 35 年間で変化はなく、128 単位のままであり、人文科学、社会科学、自然科学の 3 つの分野すべてから履修する点も同じである。各分野には 1～3 個の下位区分のグループがある。人文学は 2 つ（I-A、I-B）、自然科学は 3 つ（II-A、II-B、II-C）、社会科学は 1 つ（III-C）のグループに分けられ、さらにこれら 6 つのグループのもとに複数（2010-11 年の場合 2～8 個）の科目群が配置される。学生は人文科学から 3 つの科目群を、自然科学から 2 つの科目群を、そして社会科学から 2 つの科目群を選んで履修することが求められる。学生の履修計画について、2010-11 年の授業科目便覧では通常の履修方法として各期に 4 単位の授業（各授業は週 1～4 回実施）を 4 つ履修登録する方法がモデルとして示される。主専攻を定めつつ、3 つの分野から幅広く履修し、視野を広げるというカリキュラムの基本方針は年月を経ても変化は見られない。

　では、30 数年という期間でカリキュラムに見られる変化とはどのようなものなのだろうか。マウント・ホリヨーク大学の場合は 30 数年の変遷を比較する場合に個々の授業科目より、授業のまとまりである授業科目群に着目した方が動向を把握しやすい。比較可能な項目を整理した結果の一部が表 8-1 である。

　1960 年代、70 年代には 30 前後であった授業科目群数が 1980 年代には 40 前半に増え、1990 年代には 50 近くになり、2000 年に授業科目群数に減少が見られたものの、2005 年以降、再び増加し、50 以上となっている。これを見ると、1965 年から 35 年間で授業科目群数は 2 倍近くに増加したことになる。

第 8 章　米国のリベラル・アーツ・カレッジの変容　　89

表 8-1　科目群と学費の変遷

年度	1965-66	1970-71	1975-76	1980-81	1985-86	1990-91	1995-96	2000-01	2005-06	2010-11
科目群数	29 (約77頁)	31 (約94頁)	29 (約134頁)	41 (約166頁)	44 (約180頁)	48 (約192頁)	49 (約213頁)	44 (約276頁)	53 (約378頁)	56 (約394頁)
追加/変更された科目群		コンピューター学、黒人研究、体育&ダンス→各々独立	特別専攻科目、社会学&人類学	アメリカ学、アジア学、ラテンアメリカ学、中世学、写真学、心理生物学、ロシア語、都市学、五大湖学、複合組織プログラム、カレッジ・コース	ヨーロッパ学、国際関係論、ユダヤ学、女性学、文章法	第三世界コース、ライティング・プログラム・センター、アフリカ系アメリカ学、アメリカ学にアフリカ学を追加、国際研究副専攻科目、ロシア語・ロシア学	多文化コース、翻訳での外国文学コース、分析的社会思考、環境科学、神経科学&行動学	専門・学際専攻科目、映画学、ロシア・ソ連学、ユーラシア学	古代文明学、建築学、美術史、アート・地理学、理学、地理学、心理学、社会学&人類学、伊語&スペイン語→各々独立、数学の一部だった統計学が独立 ※53科目以外に6コースが加わる	ネクサス副専攻、カリキュラム支援コース、女性ジェンダー学、スペイン語&ヒスパニック学追加
削除された科目群		アジア・アフリカ学	暗号解読法、科学史、学際専攻科目の削除、伊語とスペイン語と合併。		都市学	特別専攻科目、文章法	第三世界コース、文章法、健康衛生学、写真学、心理生物学	多文化コース、翻訳での外国文学コース、留学生英語、地理学、ライティング・プログラム、ライティング・センター、ロシア語		アメリカ学、学際コース
学費　授業料	1,850	2,450	3,150	5,430	10,350	14,950	20,150	25,220	32,430	40,070
学費　雑費	1,200	1,400	1,750	2,570	3,200	4,600	5,950	7,410	4,670	6,010

授業料については全員一律ではなく、複数のランクがあり、それぞれ金額が異なる。そのため、同じ年度であっても資料によっては平均的な授業料の額に若干の違いが見られる。また、2005-06年以降の雑費の区分はそれ以前の区分とは異なっているため、それ以前との金額の比較には注意が必要である。

科目群数の増加以上に注目すべき点は、便覧の頁数の増加である。こちらは 1965-66 年の約 77 頁が 10 年後の 1975-76 年にはほぼ倍の約 134 頁に増え、その後、1990 年代には 200 頁程度になり、2010-11 年にはほぼ 400 頁になっている。頁数を単純に比べても 35 年間でほぼ 5 倍になっているが、さらに 1990-91 年の便覧からはそれ以前に比べて活字のサイズが小さくなり、加えて、それまで挿入されていた数々のスナップショットが一掃され、文字情報一色になっている。そのため、便覧の実際の文字数の増加は 35 年間で 6 倍を軽く超えていると見られる。

　授業科目群数の増加に比して便覧の頁数の増加が著しいのは、各科目群のもとに複数の授業科目があり、さらに同一の科目番号であっても若干異なる名称の科目が複数用意されているからである。2010-11 年の便覧を例にとってみる。「心理学」という科目群のもとに複数の関連授業があり、さらに同一の科目番号をもつ複数の授業が見られる。例えば、科目番号 110 の「心理学入門ゼミ」は 2 つ存在し、1 つには「幸福の心理学」、もう 1 つには「適応についての心理学的視点」というサブタイトルが付く。同様に、「ジェンダー学」という科目群のもとにも複数の授業科目がある。そのうちの 1 つである科目番号 333 の「上級ゼミ」では「ロゴス中心主義をこえて」「南アジアの女性とジェンダー」「中東の女性とジェンダー」や「初期フェミニズムの女性作家たち」といったサブタイトルを掲げた 6 個の授業が掲載されている。つまり実際の授業数は科目群数の何倍も用意されており、学生は豊富に用意された授業から受講科目を選ぶことが可能な体制となっている。

　では、授業科目群は 30 数年間で具体的にどのように変化したのだろうか。今回起点とした 1965-66 年の便覧には 29 の科目群が列挙される。具体的には「芸術」「天文学」「生物学」「化学」「古典」「暗号解読法」「経済学と社会学」「英語英文学」「フランス語」「地質学と地理学」「ドイツ語」「健康と衛生学」「歴史」「科学史」「イタリア語」「数学」「音楽」「哲学」「体育とダンス」「物理学」「政治

学」「心理学と教育学」「宗教」「ロシア語」「スペイン語」「演劇と
スピーチ」「学際コース」「アジア・アフリカ研究」「学際専攻科目」
である。米国のカレッジの原型は英国のそれにならっており、カリ
キュラムもその影響を基にしながら米国の事情に合わせて展開して
きた。1960 年代の科目群にはヨーロッパの大学で発展した授業科
目の影響が色濃く残っている。

　表 8-1 の「追加された科目群」の欄を見ると、1980 年代から 90
年代にかけて、ラテンアメリカ学、ユダヤ学、女性学といった米国
内のマイノリティに関係する科目群が追加され、多文化主義の台頭
に科目群で対応しようとしたとひとまず了解できる。米国での多文
化主義はあくまでも国内での多文化的状況に焦点を当てたもので、
世界の多文化的な状況への関心が薄いとよく指摘される。しかし、
マウント・ホリヨーク大学の授業科目群を見る限り、米国やヨー
ロッパを一地方としてとらえ直す姿勢も見られ、かつてのヨーロッ
パ中心から世界全体へと視野を広げようとする試みを「多文化」と
表現していると理解する方が妥当であろう。

　1995-96 年には見られた多文化コースという科目は 2000-01 年
には科目群としてはなくなったが、多文化への志向が後退したわけ
ではない。科目群とは別に複数の授業をまとめる「多文化コース」
というカテゴリーが設けられ、そこへ移行している。ちなみに、こ
の「多文化コース」というカテゴリーには 2010-11 年の便覧では
8 頁にわたって 267 個の授業名が記載され、科目群を横断する大き
なカテゴリーとなっている。多文化的な視座は 1 つの科目群に収
まるものではなく、むしろ教育全体に及んでいるととらえるべきで
あろう。

　時代の要請への対応は 2010-11 年の便覧には就職市場への目配
りという形でもあらわれる。この年の便覧には新たに「ネクサス副
専攻」という科目群が見られるが、この科目群では「カリキュラム
からキャリアへ」というキャッチフレーズのもと、大学教育を卒業
後のキャリアにどのように活かすかを強く意識した科目群設計がな

されている。リベラル・アーツ・カレッジの特徴の1つは就職市場への配慮と距離を置くカリキュラムであると前述したが、リベラル・アーツ・カレッジの中で最上位校にあるマウント・ホリヨーク大学ですら、21世紀においては大学教育と卒業後のキャリアの接続を無視できなくなっている。

他方、リベラル・アーツ教育が目指す「学際性」と「問題発見能力」については模索が続いている。マウント・ホリヨーク大学では1960年代に学際的な科目がすでに存在していた。「学際専攻科目」は1975-76年の便覧ではおそらく「特別専攻科目」に取って代わられたのではないかと推測できる。しかし、1980-81年の便覧では「複合型組織プログラム」という領域横断的に問題発見を試みる科目群が追加され、さらに1990-91年の便覧には「学際副専攻科目」が加わる。その後も1995-96年に見られる「分析的社会思考」という科目群に学際的な視野で学生に社会の問題を考えさせようという姿勢が継承されている。

こうした授業数の増加は学生数の増加に対応した結果ではないかと推測されるかもしれない。たしかに米国全体を見ると、1960年代に良好な経済を追い風として高等教育が例外的な成長を遂げ、学生数は増加している。その背景には1965年の高等教育法の施行による低・中所得層の学生への大学進学支援がある。その後、1970年代には高卒者の大学進学率は下降するが、1980年代には再び上昇に転じ、1986年には大学進学率は36％に達する。では、こうした米国社会の流れを受けて、マウント・ホリヨーク大学の学生数も増加したのだろうか。マウント・ホリヨーク大学の学部生数は1965-66年には1,449名であった。1970年代については適切な資料が見つからなかったが、1980年代から90年代は若干の変動はあるものの1,900人台で推移し、2005-06年には2,125名になっている。30年間で学部学生の増加は600人弱に留まっており、科目群数、授業科目数の増加に比べるとその増加は緩やかである。そのため、30数年間のカリキュラムの拡充は学生の選択の機会が豊

第8章　米国のリベラル・アーツ・カレッジの変容　　93

かになる方向に進んでいる。

　学生数に比して授業数が著しく増加したのであれば、授業を担当する教員数は増えたのであろうか。マウント・ホリヨーク大学の専任教員数のデータは 1980 年から 2005 年の分まで見つかった。その 20 数年間で専任教員数は 185 〜 197 名の間で微増と微減を繰り返し、ほぼ横ばい状態であり、教師対学生比率は 1 対 10 程度という割合が堅持されている。そのため、豊富な授業の担い手は非常勤講師であると推測されるが、残念ながら非常勤講師の数の推移を知る資料を見つけることができなかった。

2　授業料の推移

　学生への教育サービスの拡充を支えるためには、大学の収入を増やすよりほかない。収入のうち今回は連邦政府からの援助と授業料収入に着目する。今回の調査では 1975-76 年から 2005-06 年の収支報告書を手にすることができた。ただし、30 年間に収支報告書の項目分けに変化が生じており、できるだけ類似していると思われる項目を筆者が選んだことをお断りする。

　まず連邦政府からの援助の推移を見てみる。1975-76 年には 17,183 ドルであった政府援助は 1980-81 年には 70,975 ドルと 4 倍以上増加する。しかし、1980 年代から 90 年代にかけての増加率はこれを上回る。1985-86 年には約 100 万ドルだった政府援助は 10 年後の 1995-96 年には 2,100 万ドル弱とほぼ 20 倍になり、その 5 年後の 2000-01 年には約 2,300 万ドルに達している。総収入に占める政府援助の割合は、1975-76 年では 0.1％、1980-81 年では 0.3％と微々たるものだが、1995-96 年から 2000-01 年では総収入の 3 割前後を推移している。ブレネマンは複数の資料に当たり、60 近い大学の 1989 年の政府援助は平均収入の 7％近くに

なっていると分析しているので[3]、マウント・ホリヨーク大学の収入における政府援助の割合は高いと言える。

　連邦政府から多額の援助を受けているものの、マウント・ホリヨーク大学では総収入に占める授業料収入の割合の増加もまた顕著である。1970年代、80年代には授業料収入は総収入の半分程度である。しかし、90年代後半から総収入に占める授業料収入の割合は増加し続け、2000年代には授業料収入は総収入の8割近くを占めるようになり、授業料収入への依存がきわめて高い。

　では、学生が負担する授業料がどのように変化したかを再び表8-1で見てみよう。1970年代では5年で3割程度ずつの増加だが、1980年代には5年で倍近く値上がりしている。大学入試センター（College Board）の報告によると、1981年から89年の間に私立大学の授業料は名目106%値上がりし、それは同時期の所得の伸びをはるかにしのいでいた[4]。マウント・ホリヨーク大学では1980-81年の5,430ドルから1990-91年には3倍近い14,950ドルへと上昇しており、同時期の米国の私立大学の授業料上昇の水準よりも上昇率が高い。1985-86年から2000-01年まで5年でほぼ5,000ドルずつ上昇している。こうした学費の上昇にはパソコンやインターネットの普及が拍車をかけている側面もある。米国の大学はパソコンやインターネット、データベース等のサービスが充実している傾向が高く、これらのサービスを維持する経費も無視できない。マウント・ホリヨーク大学も同様であり、1990年代にはコンピュータ関連の費用を別項目で学生から集めるようになっている。

　しかしながら、2010-11年時点においてマウント・ホリヨーク大学の学費は格別に高いというわけではない。同大学の2011年3月10日発行の大学新聞には授業料についての記事が掲載され、同大学と協定を結んでいる近隣の4大学の学費との比較がグラフで

3　前掲書、88頁

4　College Board, *Trends in Student Aid:1980 to 1989*, College Board Publications, p.11, 1989

示されている。それによると、マウント・ホリヨーク大学の学費は近隣のスミス大学、ハンプシャー大学、アマースト大学といった私立大学の学費とほぼ同水準である。しかし、マサチューセッツ大学アマースト校という公立大学の学費はこれら私立大学の6割程度であり、私立大学と公立大学の学費の差は大きい。

　高額な学費は進学できる学生を富裕層に限定してしまう危険がある。多文化への意識はカリキュラムだけでなく、学生の出自にも及ぶ。マウント・ホリヨーク大学でも多様な背景をもつ学生がともに学ぶことによる教育効果を謳っており、多様な学生の確保を目指している。低・中所得層の優秀な学生を支援するために、米国の大学では奨学金等による経済的な支援を充実させている。マウント・ホリヨーク大学でも1980年代には半数以上の学生が大学からの補助金や奨学金を受けており、2000年代にはその割合は7割近くまで上昇する。大学からの経済支援以外に連邦政府や居住している州から支給される補助金、返却義務のある補助金制度もさまざまに存在し、大学教育を受ける機会が偏らないための体制が整えられている。

　とはいえ、学生への補助金が大学の財政を圧迫することもまた事実である。マウント・ホリヨーク大学の総支出のなかで学生への補助金が占める割合についてのデータは1980年代と90年代のデータを入手できた。1980-81年では総支出に占める学生への補助金の割合は1割程度だが、1985-86年には1.5割、1990-91年には2割強、1995-96年には3割弱と推移しており、大学の財政にとって学生への補助金の負担は着実に増えている。富裕な学生から高額の授業料を得て、低・中所得層の学生への補助金に回すという米国の大学の仕組みはよく知られているが、マウント・ホリヨーク大学でもこの仕組みによって支援を受ける側の学生が多数派となっている。

おわりに

今回のマウント・ホリヨーク大学での調査を通して、かつてヨーロッパで発展したカリキュラムの影響を受けたものが、急速な国際化に伴い世界全体についての一定の知識を得ることが可能なカリキュラムへと変化し、授業数が著しく増加していることが見て取れた。20世紀の終盤に高等教育システムを経済の国際競争に対応させようとする変革が推進されたことをクラーク・カーは指摘する[5]。専門的、職業的な教育を深めることを目的としないリベラル・アーツ・カレッジにおいて、そうした変革への対応はより幅広い地域についての国際的な視野の獲得という形にならざるを得ず、小規模な大学でありながら多様な地域についての授業科目を提供することになる。他方、1960年代、70年代から中・低所得層にも大学教育を受ける機会が開かれ、進学を希望する学生の出自も多様となる。そのため、授業数を増大させるとともに学生への補助金を拡充させる方策が拡大の一途をたどっており、財政面での負担が重くなっていることがマウント・ホリヨーク大学においても明らかになった。

また、最近の問題としてカーは、米国では高等教育を受けた者が労働市場に供給過剰になっており、受けた教育の水準を必要としない仕事に就く者が増加している点をあげる[6]。高等教育を受けた層の拡大が一因ではあるが、その他にも1950年代から80年代にかけて進行していた中流階層社会が1980年代半ばに転換点を迎え、米国内の所得格差が拡大するようになったことも原因である。就職市場における大卒者の供給過剰は当然のことながら高収入な仕事に就くための競争の激化を意味する。幅広い教養を授けるリベラル・アーツ・カレッジの中でも名門校であるマウント・ホリヨーク大学

5　クラーク・カー著、喜多村和之監訳『アメリカ高等教育の歴史と未来──21世紀への展望』玉川大学出版部、p.60、1998
6　クラーク・カー著、喜多村和之監訳『アメリカ高等教育試練の時代──1990–2010年』玉川大学出版部、p.57、1998

でさえキャリアへの接続を銘打った科目群を打ち出すに至ったことは、米国の大学でのリベラル・アーツ教育がもはや就職市場と一線を画することが困難であることを示している。

【参考文献】
松井範惇『リベラル教育とアメリカの大学』西日本法規出版、2004
Mount Holyoke News, March 10, 2011

第9章

メキシコの高等教育改革
—— 「新自由主義」と「グローバリズム」の波にもまれて

青木利夫

はじめに

　メキシコでは、19世紀後半から続く長期独裁政権に対する反発から、1910年には革命が勃発し、その後10年近くにわたって内戦状態となる。しかし、1920年以降は政治状況も比較的安定し、石油や鉄道の国有化、第二次世界大戦に伴う輸入代替工業化の推進などの政策によって経済も成長傾向となる。その後もメキシコは全般的に順調な経済成長を遂げ、それは「メキシコの奇跡」と呼ばれた。その間に産業構造も大きく変化し、1980年にいたる頃には第二次産業の占める割合が高くなった。同時に人口が急増するとともに、都市化が進み中間層も拡大する。こうしたメキシコの産業構造や社会経済状況の変化は、高等教育にも大きな影響を与えるようになる。

　メキシコの高等教育は、従来、医師、法律家、技師、建築家などの専門職を養成することを目的としており、主に少数の国公立の大学がその教育を担っていた。しかしながら、上述のような国内の社会経済的変化や、急速に進む市場経済のグローバル化に直面し、1970年代頃から変化が現れる。そして、今日にいたるまで、メキシコの高等教育をめぐっては、次々と改革が行われ、その役割が大きく変容するとともにさまざまな問題を抱えるようになった。そう

した問題は、今日の日本を含む世界の高等教育が抱える問題とも通底している。

本章では、スペインによる植民地支配（1521-1821年）を受けた、いわば後発の資本主義国として出発したメキシコの高等教育の改革を概観し、それが抱える問題について、同じく後発の資本主義国である日本の高等教育の問題を念頭におきつつ考察したい。

1 高等教育に対する評価制度の導入

近年、メキシコの高等教育機関に対しては、その制度や研究教育の計画や内容、運営管理などさまざまな観点から評価がなされている。しかしながら、それ以前はメキシコの高等教育機関が評価の対象となることはなかった。その理由として、ラテンアメリカ教育研究を専門とする斉藤は、次の5つの点をあげる。第1に、少数のエリートを対象とする高等教育機関には社会的な信頼があったこと、第2に、大学の自治という伝統があったこと、第3に、大学の運営、教育、研究に関する統一的な基準がなかったこと、第4に、メキシコの大学が伝統的専門職の養成を目的としており、教育の質をコントロールする同業者団体が各分野に存在していたこと、第5に、大学の卒業生の雇用市場が比較的安定していたことである（斉藤，2004：113-114）。メキシコの高等教育機関は、伝統的な専門職に就く人材を育成するための機関という性格が強く、また、財政的には政府に依存していたとしても、研究や教育、管理運営などに関して大学が強大な自治権を保持してきた。こうしたことから、1960年代頃までは、大学が外部から評価を受けるという考えは生まれることはなかったのである。

その後、さまざまな評価を受けるようになったメキシコの高等教育の今日につながる大きな変化は、1970年代から80年代にかけて始まった。それは、1970-98年までに高等教育機関が10倍以上、

学生数は 7 倍以上に増加するという量的な拡大に現れている[1]。1982 年の金融危機によって、それまで高等教育の拡大を支えてきた高等教育予算の増加は止まり、高等教育に対する財政支出は激減する。しかしながら、高等教育機関と学生数の増加傾向に歯止めがかかることはなかった。特に、1980 年代の財政危機の時代には、私立の高等教育機関が増加し、高まる国民の進学志向に対応していた（牛田，2012：183）。こうした急速な高等教育の量的な拡大は、さまざまな問題を引き起こすことになるが、その重要な問題の 1 つが教育の質の低下、あるいは機関の間の格差であった。1989 年に連邦政府が出した「教育の近代化のためのプログラム 1989-1994（Programa para la Modernización Educativa 1989-1994）」では、こうした高等教育の拡大が、「教育の質を損なう学術の不均衡を生みだした」（PEF，1989：127）と述べられ、教育の質の改善が優先課題であるとされた。

　こうした教育の質の低下あるいは不均衡という問題を背景に、上述のプログラムにおいては、高等教育機関を改善するための方策の 1 つとして、「現在の高等教育の効率、生産性、有効性、質の水準を確定するため」、高等教育制度の評価を全国的に進めることが提起された（PEF，1989：141）。そうした提起を受け、1989 年には、全国高等教育評価委員会（Comisión Nacional para la Evaluación de la Educación Superior）が設置され、各機関が行う自己評価、専門家と当局による外部評価、学術プログラムおよび管理運営に関する機関相互の評価の 3 つの方針が示された。そして、1990-91 年に、各高等教育機関において自己評価が行われ、その報告書および改善計画が提出されている（Rubio Oca，2006：226）。また、1991 年には、機関相互の評価を行う組織として、高等教育機関相

1　メキシコ高等教育の量的拡張の推移を調査した斉藤によると、1960 年には高等教育機関数が 60、学生数 76,269 人であったのが、1970 年にはそれぞれ 109、251,054 人、1980 年には 307、838,025 人、1990 年には 776、1,252,000 人、1998 年には 1,250、1,883,900 人であった（斉藤，2004：111）。

第 9 章　メキシコの高等教育改革　　101

互評価委員会（Comités Interinstitucionales para la Evaluación de la Educación Superior）が創設される。さらに、1994年には、標準試験によって学習の成果を評価し、教育の質を改善するための非政府組織、全国高等教育評価センター（Centro Nacional de Evaluación de la Educación Superior）が設置される。

　また、高等教育機関の数が急速に増加するにつれて生じる教育の質の格差が問題とされるようになると、それぞれの教育機関を評価し、質保障を与える認定機関も誕生してきた。メキシコの場合、そうした機関は学問分野別（例えば、工学、獣医・畜産、建築、会計・経営など）に組織されるが、2000年になると、そうした高等教育機関の認定に関わる機関をとりまとめる全国組織がつくられる。それが、高等教育認定審議会（Consejo para la Acreditación de la Educación Superior）である。この審議会は、「学術プログラム認定過程一般枠組（Marco General de los Procesos de Acreditación de Programas Académicos）」を策定し、それに基づいて各認定機関の適正性を判断するとともに、認定機関の指摘に対する各大学の異議申し立てを受け付ける組織でもあった（牛田，2012：184-185）。

　さらに、高等教育機関の評価は、国内の組織によって行われるだけではなく、海外の機関によっても行われるようになる。1990年、メキシコは、「国際教育開発コンソーシアム（International Consortium for Educational Development）」に、また、1994年のOECDへの加盟をきっかけとしてOECDにも調査を依頼している。いずれの機関も調査後に報告書を公表しているが、それに対しては賛否両論さまざまな反応があったという（斉藤，2004：116-117）。メキシコ政府が海外の機関へ調査を依頼したことについて、斉藤は、「メキシコ教育史上、前例のないこと」とし、「ナショナリズム意識が強く、また高等教育政策を純粋にドメスティック・ポリシィと見なす傾向が強かったメキシコでは、数年前までは考えられないような現象であった」（斉藤，2004：117）と、メキシコ高等

教育が大きく変容したことを強調する。

　メキシコの高等教育は、1970 年代以降の量的な拡大に伴い、教育の質の低下あるいは不均衡といった問題に直面し、それを解決するための方策の 1 つとして、さまざまなかたちの評価を導入してきた。それは、少数のエリート向けのいわゆる伝統的な専門職養成を目的とし、強大な自治権をもってきた高等教育機関にとって大きな変革であった。こうした変革を余儀なくされたのは、教育の質の問題だけではなく、1980 年代の財政危機と経済の自由化への対応という国内外の政治経済的な問題とも密接につながっていた。

2　グローバル化と大学改革

　メキシコの政治、経済、文化などあらゆる領域において転換点となった象徴的な出来事は、上述のように 1982 年に起こった未曾有の金融危機であった。それまでメキシコは、国家が経済政策に積極的に関与する混合経済体制のもと、石油資源などを背景に外資を導入して開発を進め順調な経済成長を続けてきた。しかしながら、1980 年代に入ると、石油価格の低下や金利の高騰などが原因で、増大する対外債務の返済に窮するようになり、ついに返済不能に陥った。メキシコ政府は、IMF などの国際機関の支援を受けることでその危機を克服することになるが、それと引き替えに国際機関が提示する「構造調整プログラム」を受け入れることになった。このプログラムは、財政再建のため、教育や福祉予算の削減、国営・公営企業の民営化、貿易や金融の自由化などの政策を実行するよう強く求めるものであった。その結果、政府がさまざまな産業に関わってきたそれまでの政治経済体制は、このプログラムによって大きな転換を迫られることになったのである。

　メキシコ政府は、国際機関の求めに応じて、国営・公営企業の民営化や経済の自由化などの改革に積極的に乗り出すこととなった。1986 年には、「関税及び貿易に関する一般協定（GATT）」に加盟

第 9 章　メキシコの高等教育改革　　103

し、経済の自由化を進める。そして、1992年、アメリカ合衆国、カナダと「北米自由貿易協定（NAFTA）」を締結し、1994年にはそれが発効する。また、この年、OECDの加盟国となり、その後、いわゆるG20のメンバーとなった。こうしてメキシコは、積極的に新自由主義と呼ばれる政策を推進し、市場を優先するグローバルな資本主義経済体制の中に入っていく。こうした経済の自由化による世界経済への参入と平行して、高等教育においても積極的に「国際化」を進めることになる。1970年代以降のメキシコ高等教育の量的拡大とともに、もう1つの大きな変化がこの「国際化」という点であった。

1994年に発効したNAFTAは、メキシコ経済の自由化の象徴的政策であるが、メキシコはそれにあわせて、北米における高等教育システムの統合を検討する機関を設置したり、3国間での教職員の交流を促進するための支援を行ったりしている。また、ヨーロッパとの関係においては、EUとラテンアメリカの高等教育機関の間でつくられた「ラテンアメリカ学術養成プログラム（Programa América Latina Formación Académica）」にメキシコも参加し、両地域間で行われるさまざまなプロジェクトを実施するための機会が研究者や学術団体などに提供されている。さらに、欧米だけではなく、太平洋をはさんだアジア諸国とも、教員や学生の交流を促進するための組織に参加している[2]。欧米そしてアジア諸国のさまざまな機関との協定の締結、教職員や学生の交流、共同研究プロジェクトの推進などの「国際化」の取組みは、政府間だけではなく、欧米諸国のそれぞれの高等教育機関との間においても積極的に行われている。また、数は少ないものの、メキシコの大学が欧米においてメキシコ史などの教育プログラムを実施する取組みも始まった（Ru-

---

2 例えば、メキシコは、1993年に発足したアジア太平洋大学交流機構（University Mobility in Asia and the Pacific）に参加している。また、メキシコ国立自治大学など一部の大学は、1997年に設立された環太平洋大学協会（Association of Pacific Rim Universities）に加盟している。

bio Oca, 2006：262-270)。

　こうした「国際化」の動きは、高等教育のネットワークづくりとなって今世紀に入ってさらに加速する。例えば、2000年にユネスコで開かれた教育大臣会議において、「ラテンアメリカ・カリブ・EU高等教育共通空間（Espacio Común de Educación Superior de América Latina, el Caribe y la Unión Europea)」を創設することが合意された。そこで中心的な役割を果たしたのが、ヨーロッパ側ではスペインとフランス、ラテンアメリカ側ではメキシコとブラジルであった（Rubio Oca, 2006：271)。そして、ヨーロッパで始まったチューニング・プログラム[3]をもとにつくられたラテンアメリカ・チューニング（Tuning América Latina）というプロジェクトが開始され、メキシコは、公教育省に設置された国立チューニングセンター（Centro Nacional Tuning）を通じて、当初は4つの領域でこのプロジェクトに参加し、その後、参加する大学や領域を拡大していった（Rubio Oca, 2006：273-274)。さらに、2005年のイベロアメリカ・サミットにおいて、スペインから提案のあった「イベロアメリカ知識空間（Espacio Iberoamericano de Conocimientos)」の構築にもメキシコは参加している。このように、「国際化」の名のもとに、メキシコは高等教育に関して、欧米、アジア、ラテンアメリカ諸国との関係を強化していったのである。

──────────────

3　チューニング・プログラムとは、ヨーロッパで始まった「欧州教育制度のチューニング（Tuning Educational Structures in Europe)」がもととなっているプログラムであり、ボローニャ・プロセスに参加している各機関の学習プログラムの等価性や互換性や透明性を担保する仕組みとして導入された。それは、以下のように定義されている。
　　ボローニャ・プロセスを高等教育機関と専門分野のレベルで実現する具体的な方法の開発をめざして、大学が主導しているプロジェクトである。チューニングは、ボローニャ・プロセスの定める各学位サイクルについて、学習プログラムを（再）設計・開発・実践・評価する方法を示すものである（フリア・ゴンサレス、ローベルト・ワーヘナール編、深堀聰子・竹中亨訳『欧州教育制度のチューニング─ボローニャ・プロセスへの大学の貢献』明石書店、p.18、2012)。

3　高等教育機関は誰のものか

　これまでみてきたように、20世紀最後の四半世紀以降、急速に進む経済のグローバル化に伴うメキシコ社会の変化の中で、高等教育もそこから無縁ではいられなかった。それは、メキシコの高等教育に関する近年の研究において、知識社会、イノベーション、テクノロジー、教育の質、国際化、認証評価、外部資金、競争力、ガバナンス、説明責任、ランキングといった日本でもおなじみの用語が頻発するようになったことからもうかがい知ることができよう。教育における「グローバリズム」といった現象が、植民地時代からの格差や差別の構造が残り、多くの国内問題を抱えるメキシコのような国においても席巻している。というよりも、植民地支配を経験した後発資本主義国のメキシコの「遅れ」を解消し、欧米「先進国」の仲間入りを果たしたいと強く望むからこそ、メキシコ政府は、新自由主義的な政策を積極的に導入し、そして「改革」に邁進するのであろう[4]。

　しかしながら、こうした新自由主義的改革が国内の問題を解決するどころか、ますます拡大させていることは多くのところで指摘されている。それは、高等教育においてもしかりである。例えば、スペイン植民地時代の創設からの流れをくみ、現在においてもメキシコのみならずラテンアメリカにおいても圧倒的な存在感を示すメキシコ国立自治大学（Universidad Nacional Autónoma de México：UNAM）における改革にもみてとれる。同大学を「学問の最高峰機関」としてその従来の性格を「国家建設大学」としてみるオルドリカとパッサーは、1970年代以降の新自由主義的政策への移行が、国家建設のための人材育成といった同大学が果たしてきた役割に大きな変化をもたらしたと述べている。具体的には、UNAMも「新自由主義の攻撃対象」となり、「大学の効率と質に対する批判とい

4　こうしたメキシコの高等教育改革のあり方は、大学の世界ランキングを上げることに熱心な日本の大学の姿と重なってみえる。

う名の下に、UNAM の伝統的役割は疑問視されるようになった」
というのである。そして、「経済発展のための研究とエリート養成
の専門職教育」が重視されるようになり、学士課程教育が二次的な
ものになるとともに、つぎのような結果を招いたと指摘する（オル
ドリカ＆パッサー，2013：291-292）。

> 過去 10 年間は、UNAM での伝統的な研究実践が有してきた
> ヘゲモニーでさえも、企業家的な中等後期教育機関を望む声に
> よって脅かされている。世界中の中等後期教育機関と同様に、
> 効率性や生産性に関し、むしろ漠然とした議論がなされてお
> り、その議論のなかでは、学士課程教育や民主化、社会正義を
> 犠牲にした商業知識の生産、競争力、卓越性、経済発展に重き
> が置かれている（オルドリカ＆パッサー，2013：292）。

　こうした状況の中で、UNAM では教員評価や能力給制度が確立
し、教員たちは給与や研究費獲得のための競争に追いやられ、その
結果、教育よりも研究が重視されるようになったという（オルドリ
カ＆パッサー，2013：292）。

　先に述べたように、メキシコが OECD に加盟し、G20 のメン
バーとなったとはいえ、国内における経済的な格差や民族的、人種
的差別は温存され、教育においても大きな不均衡が生じている。中
学校までが義務化されているとはいえ、中学校を卒業するどころか
小学校さえも途中で放棄する子どもも少なくない。このような状況
において、高等教育機関で学ぶことのできる「恵まれた」者はまだ
まだ多いとはいえない[5]。また、規制緩和によって急増する高等教育

5　2012 年の段階で、メキシコの 15-19 歳の就学率は 53％と、OECD 加盟国
のうちでメキシコは最も低い国の 1 つであり、アルゼンチン（73％）、ブラジ
ル（78％）、チリ（76％）などほかのラテンアメリカ諸国と比較してもその割
合は低い。また、20 歳の就学率では、OECD 加盟国の平均が 50％を超えてい
るのに対し、メキシコは 30％程度である（Education at a Glance 2014:
OECD Indicators, Country Note, Mexico, http://www.oecd.org/edu/Mexico-
EAG2014-Country-Note.pdf　2015 年 10 月 17 日閲覧）。

第 9 章　メキシコの高等教育改革　　107

機関の間の質的な格差も大きく、高等教育機関の評価制度が整備されるにつれて序列化が進む。その結果、学士課程の卒業者に対する十分な職業機会が準備されていないメキシコにおいては、専門外の、あるいは望まない職に就かざるをえない卒業者も多くなる。さらに、希望の職に就くことのできない学士課程卒業者が相対的に低賃金の職に就くことによって、中学校、高等学校の卒業者たちの職が奪われることになった（マロ，2013：302）。

「公的な機関」としての高等教育機関が、研究教育を通じて経済発展やそれを担う人材の育成に貢献し、それによって国家を豊かにするという目的をもっていることは否定できないが、その豊かさをいったい誰が享受することができるのか。また、メキシコのような格差や差別のある国家において、そうした不均衡な状況を解消し、社会正義を実現するための教育研究を行うことは高等教育機関の重要な役割の１つではないのだろうか。にもかかわらず、高等教育機関が社会正義を犠牲にするのみならず、結果的には格差の拡大に加担することになってはいないだろうか。だとするならば、そこにはどのような原因があるのだろうか。メキシコにおける高等教育の現状をみるならば、こうしたさまざまな疑問を抱かずにはいられない[6]。

さらに、オルドリカとパッサーが指摘しているように、こうした問題はメキシコだけに留まることなく、日本の高等教育にもそのまま当てはまることは明らかであろう。高等教育機関は、いったい誰

6　1999 年、UNAM において授業登録料などの導入に反対する学生たちが大学を占拠しストライキが起った。翌年 2 月には、警察の介入によって多くの逮捕者を出すなどの混乱が続いたが、結局、実質的な授業料の値上げは撤回された。しかし、ストライキを支援したある教員は、「メキシコの高等教育を民営化するための『新自由主義システム』の新たな攻撃の可能性」について警鐘を鳴らしている（*Ja Jornada* 2014 年 4 月 24 日、http://www.jornada.unam.mx/2014/04/24/sociedad/041n4soc　2015 年 10 月 17 日閲覧）。UNAM では、これまでも何度か授業料の値上げが議論されるが、そのたびに学生らがストライキで抵抗するなど、政府の介入に対しては、「公的機関」としての大学の自治や権利を守るための運動が繰り返し行われてきたことにも注目したい。

のものなのだろうか。そして、高等教育機関が教育研究をするところだとしても、それを通じて何をなすべきところなのか。私たちは、今ここで立ち止まり、こうした根源的な問題をじっくりと問い直してみる必要があるのではないだろうか。

【参考文献】

Poder Ejecutivo Federal (PEF) "Programa para la Modernización Educativa 1989-1994", Poder Ejecutivo Federal, 1989

Rubio Oca, Julio, *La política educativa y la educación superior en México, 1995–2006: un balance,* SEP/ FCE, 2006

牛田千鶴「メキシコにおける高等教育の質保障と学習成果アセスメント ── 導入経緯とその社会的意義」『学習成果アセスメントのインパクトに関する総合的研究』国立教育政策研究所研究成果報告書、2012

イマノル・オルドリカ、ブライアン・パッサー「学問の最高峰機関：国家建設大学としてのメキシコ国立自治大学」2013、フィリップ・G.アルトバック、ホルヘ・バラン編、米澤彰純監訳『新興国家の世界水準大学戦略 ── 世界水準をめざすアジア・中南米と日本』東信堂、2013（2007 初出）

斉藤泰雄『グローバリゼーション・インパクトと教育改革に関する研究 ── メキシコを中心に』科学研究費補助金研究成果報告書、2004

サルバドール・マロ「メキシコにおける研究大学の役割：パラダイムの変化？」フィリップ・G.アルトバック、前掲書、2013

第 3 部

第10章

ネーション・ビルディングと一般教育
―― フィリピン大学における一般教育プログラムの導入と改革

長坂　格

はじめに

　フィリピンは、16世紀より300年以上にわたってスペインによる植民地支配を受けた。その後、1898年から1946年の独立まで、途中3年8か月に及ぶ日本占領期を挟み、アメリカの植民地支配を経験した。スペイン植民地期には、現存するアジアで最古の大学とされるドミニコ会のサント・トマス大学が17世紀に設立された。しかしスペイン植民地期を通じて高等教育にアクセスできたのは、きわめて限られた層の人々だけであった。アメリカは植民地統治の中で公教育、特に初等教育の拡大に注力したが、1901年にマニラに師範学校を開設するなど、高等教育機関の拡充も行った。本章が対象とするフィリピン大学は、アメリカによるフィリピン領有権獲得の10年後の1908年に「文学、哲学、学芸における先進的な教育を行うとともに、専門、技術教育を行うこと」を目的として設立された国立総合大学である。

　現在のフィリピン大学は、私立を含めれば1,800以上あるフィリピンの高等教育機関の中でも突出した規模を持つ。フィリピン大学全体を統括するフィリピン大学システムには、15のキャンパスに立地する7つの構成大学が含まれており、学生総数は5万8,000

人以上を数える[1]。高等教育機関を管轄する高等教育委員会の資料によると、2011年のシステム全体の予算額は約75億ペソ（約190億円）であり、110校ある国立大学全体の予算額の21%を占める。さらに、高等教育委員会が、優れた実績を持つ教育プログラムを認定支援する卓越拠点には、2014年の時点で最多の33専攻が指定されている[2]。

　本章では、このアメリカ植民地期初期に設立された、フィリピン随一の国立総合大学であるフィリピン大学が、1946年の独立後にどのような一般教育のカリキュラムを導入し、その後いかに改革していったのかを報告する。もとより本章の記述は短期間の調査[3]に基づく素描に過ぎないし、フィリピン大学が、その規模および歴史において、フィリピンの大学の中でもきわめて特異な存在であることは論をまたない[4]。そうした限界を承知しつつも、以下では、スペインとアメリカの植民地統治を経験した国における、国立総合大学による一般教育の制度化と改革の一例として、特に1950年代と2000年代という2つの時期に注目してその概要を紹介することにする。

　なお、現在のフィリピンでは、中等教育を4年から6年に延長するなどの就学年数の改革、いわゆる"K to 12"改革が段階的に実

1　フィリピン大学システムホームページ（http://www.up.edu.ph/　2015年8月24日閲覧）

2　高等教育委員会ホームページ（http://www.ched.gov.ph/　2015年8月26日閲覧）

3　資料収集および大学関係者への聴き取りは、2014年10月と2015年3月に、フィリピン大学ディリマン校等で合計4日間実施された。聴き取りに応じて下さったフィリピン大学ディリマン校文芸学部のR. Rivera氏、アジアセンターのM. Santamaria氏、教育学部のC. Arzadon氏に感謝する。

4　本章で触れる余裕はないが、高等教育委員会は、1996年に、委員会回状で大学の一般教育カリキュラムを規定している。2013年には、2018年のいわゆる"K to 12"改革の完成年度に向けて同規定を改訂している。しかし、フィリピン大学はカリキュラム作成における自律性が認められているので、これらの回状の制約を受けない。

施されている。しかし今回の調査を行った時点では、高等教育は、6年の初等教育と4年の中等教育の後に続くものであった。

1 1950年代の一般教育プログラムの導入

　フィリピン大学において、一般教育プログラムが統一カリキュラムとして本格的に導入されたのは、シンコ学長時代（1958-62年）であった。それ以前はそれぞれの学部が専門科目のための準備教育コースを設けていた。しかしその内容は学部によって異なり、フィリピン大学の学生が共通して履修する科目は、英語、スペイン語、体育、軍事科学、そして19世紀末にスペインによって銃殺刑に処された国民英雄であるホセ・リサールについて学ぶ科目など、数科目に過ぎなかった（Tenmatay, 1961：30）。こうした状況においてシンコは、その就任演説の中で、「この共和国の見識のある自由な市民とならなくてはならないすべての男女のための（中略）一般自由教育プログラムの開発は、この大学の喫緊の課題」（Guerrero, 1985：356）であると述べ、1958年に一般教育のカリキュラム検討委員会を設置した。そこで示された一般教育の目的は、①英語を効果的に書き、話す能力、および複雑な文献を読み解く能力の涵養、②批判的思考能力の涵養、③学生が属する社会・文化の現状と歴史に関する理解、④学術的思考過程としての科学の特性の理解、であった（ibid.：358）。

　表10-1は、1960年の一般教育カリキュラムである。表からは、専門への準備科目であるという18単位の選択科目以外の、47単位が必修科目となっていること、12単位が必修の英語科目となっていることなどが分かる。こうした大学共通の一般教育カリキュラムが導入された結果、フィリピン大学に入学したすべての学生は、2年次までこの一般教育カリキュラムの下で学び、2年次に専攻を選択することとなった（Tenmatay, 1961：32）。

　この新たに導入された一般教育カリキュラムの特徴として、ここ

表 10-1 フィリピン大学教養部（The University College）のカリキュラム（1960 年）

第 1 学年			
前期	単位数	後期	単位数
英語 I （初年次英語）	3	英語IV（名著読解）	3
英語 II （初年次英語）	3	フィリピンの歴史・制度	3
英語III（文学概論）	3	社会科学 I （東洋思想・制度）	3
数学 I	3	スペイン語 I ・ II	6
スピーチ I	3		
第 2 学年			
前期	単位数	後期	単位数
人文学 I （人文学概論）	3	人文学 II （思想読解）	3
自然科学 I ・ II （物理科学・生物科学基礎）	6	社会科学II （西洋思想・制度）	5
選択科目*	9	選択科目	9

*選択科目は、専攻や専門学部によって規定されている。

出所：Tenmatay（1961：31）

では、アメリカの大学の自由教育の思想や一般教育についての議論からの強い影響がみられること、フィリピン史および東洋思想に関する科目が必修化されていること、語学科目では英語が重視されており、さらにスペイン語が必修化されていることの 3 点を指摘しておく。最初の点については、フィリピン大学には、設立 2 年後の 1910 年に教養学部の前身の学部が設立されるなど、もともと自由教育の伝統があった。実際、シンコ以前の、パルマ（1923-33年在任）やタン（1951-56 年在任）など歴代学長も、演説の中で自由教育の重要性に言及していた（Kintanar, 1991）。また、一般教育カリキュラム導入時の担当者たちが、教養部の紀要や教養学部のモノグラフの中で、ハーバード大学のいわゆる「コナント報告」などのアメリカの一般教育関連の文献を参照しながら、過度に専門化していく高等教育における学際的アプローチの重要性を指摘したり、「社会科学 II （西洋の思想・制度）」の担当者が、著名な思想家

の著作を講読していくハーバード・カレッジの西洋思想の科目と同科目の類似性を指摘していることは、フィリピン大学の一般教育プログラムと、当時のアメリカの大学における一般教育の理念・内容との密接な関連性を示唆している。

その一方で、このカリキュラムでは、「学生が属する社会・文化の現状と歴史に関する理解」が目的の1つにあげられており、アジアおよびフィリピンの思想・歴史に関する科目が、カリキュラム上重要な位置づけを持っていた。それらの科目の内容については、「フィリピンの歴史と制度Ⅰ」を担当するアゴンシリョが、一般教育の必修となったこの科目が、スペイン期のみを扱っていたそれまでのフィリピン史科目とは異なり、フィリピン史のほとんどの領域をカバーしていることに加えて、歴史をフィリピン人の視点から見ることを強調している点は注目に値する。彼は、民族的、地域的な先入観によって史実を捻じ曲げることを強く戒めつつ、この科目が、従来の外国人の視点から描かれた歴史をフィリピン人の視点から再検討、再解釈することを通して、履修学生が「自らを植民地化された存在ではなく、自由なフィリピン人として考えるように誘うこと」を目指すと述べている（Agoncillo, 1961：101）。これらの言葉には、大衆の視点を通してフィリピン革命史の再解釈を行った、著名な歴史学者であるアゴンシリョの一般教育に対する姿勢が表れていると見ることもできるだろう。しかし同時に、そこには、「共和国の見識のある自由な市民」の形成を目指したフィリピン大学の一般教育が、当初より、植民地期に形成されたフィリピン史理解や植民地教育の問い直しを含む形で展開されたことが示されているといえる。

第3の点は、フィリピンが19世紀末までスペインの植民地であったこと、さらにアメリカ植民地期以降、フィリピンの初等・中等・高等教育において、英語が一貫して主たる教授言語であったことと関わっている。しかし、後の時代と比較すると、1935年憲法にすでに登場している国語が、当時はまだ言語科目に含まれていな

いことも目を引く。ここでいう国語とは、多言語社会であるフィリピンにおいて、共通言語として作られ、用いられるべきとされる言語である。ただし、その後実際に用いられるようになった国語であるピリピノ語、あるいはフィリピノ語は、マニラ周辺一帯で使用されるタガログ語とほぼ同じものである。

2 「再活性化された一般教育プログラム」——2000年代の教養改革

　前節で見た、1950年代後半に導入された一般教育カリキュラムは、次第にフィリピン大学の教員・学生の間に定着していった。2000年代に出版された大学史では、「UP（フィリピン大学）のGE（一般教育）プログラムは、UPの学生を他の大学の学生から差異化するものである」と評されている。

　その一方で1970年代以降、一般教育はしばしば改革の対象となってきた。例えば1971年には、大学内外の言語ナショナリズムの高まりの中で、国語であるピリピノ語（後にフィリピノ語に改称）の授業での使用が奨励されるとともに、一般教育科目に9単位のピリピノ語が、英語との選択必修科目として導入された。ちなみにこうした国語の使用を推奨するフィリピン大学の方針は、その後の、フィリピノ語を学部の教授言語とする大学の言語政策の採用（1989年）や、国語の発展のための言語センターの設置（1990年）などにつながっていく。また、1986年には、それまでの一般教育プログラムの点検評価が行われ、学際性がより強調された、全学共通の「コア・カリキュラム」が導入されている[5]。

　これらの改革に比べて、より包括的で、さらにより議論を呼び起こした一般教育改革は、ネメンゾ学長時代の2002年度からの「再活性化された一般教育プログラム（Revitalized General Educa-

---

5　本節の以上の記述は、F.Llanesの編集によるフィリピン大学史である *UP in the Time of People Power (1983–2005)*（The University of the Philippine Press, 2009）に基づく。

tion Program、以下 RGEP)」の導入であろう[6]。マルコス政権下で投獄された経験を持ち、日本を含む海外での教育経験も持つ政治学者であるネメンゾは、リベラル・アーツがフィリピン大学の学部教育の基盤であることが担当教員に十分に理解されておらず、また学生もリベラル・アーツの価値を認識していない状況を指摘するなど[7]、一般教育プログラム改革への強い意欲を持っていた。実際、2000 年に始まるフィリピン大学 5 か年計画の 10 の目標の 1 つとして、一般教育プログラムの「再活性化 (revitalize)」を掲げ、全学一般教育委員会に一般教育プログラムの点検評価を指示している。

　この全学委員会の検討を経て提案された RGEP の目的は、①知的文化的地平の拡大、②国際主義の感覚によってバランスが保たれたナショナリズムへのコミットメントの醸成、③自律的批判的創造的思考能力の涵養、④高度な倫理観と知的誠実性を伴った学びへの情熱の注入、の 4 点であった。ただし、これらの目的は、当時のフィリピン大学の一般教育の目的や理念をさほど大きく変えるものではなかった。むしろ RGEP の大きな特徴は、一般教育プログラムの科目数を増やし、さらに必修科目をなくすことで学生の選択の幅を大胆に広げたことにあった。

　1958 年の導入以降、数度の改革を経てきた当時のフィリピン大学の一般教育の共通「コア・カリキュラム」では、芸術・人文学領域、社会科学・哲学領域、数学・自然科学領域の 3 領域に、それぞれ 5 科目、5 科目、4 科目の必修科目が置かれており、フィリピン大学の学生はこれら同じ科目を履修することになっていた (Muega, 1999：51-2)。しかし RGEP は、学生による「選択の自由」の原則を採用して、学生の興味関心や専門に応じて、上記の 3

6　以下のネメンゾ学長時代の RGEP の導入経緯の記述は、特に断りのない限り、Jose (2009：155-161) に基づく。

7　UP Gazette, Jan-Mar 2001, Memorandum No. FN-01-20

領域[8]から、それぞれ5科目15単位ずつを選択して取得するという形に履修規則を変更した。この結果、全体の必要単位数が3単位増えたほか、フィリピン史や数学など、長きにわたってフィリピン大学の一般教育の必修科目とされてきた科目が選択科目となった。これについてネメンゾは、「厳格なカリキュラムは、自由教育の哲学に反する。それは本質的に権威主義的である」（Jose, 2009：156）と述べる。

この RGEP の提案に対しては、教員と学生からさまざまな批判がなされ、非常に活発な議論が行われた。一例としてさまざまな角度から RGEP 案を批判するムエガの議論を紹介しよう。ムエガはアメリカの有力大学における、70 年代以降の、一定の科目選択の自由を確保しながらのコア・カリキュラムへの回帰の動きを指摘して、RGEP はこうした動きに逆行するものであると指摘する。さらに、中等教育では学ぶことができない多様な歴史の見方を習得するフィリピン史と、分析的思考の基礎を学ぶ哲学を相互に選択可能にする RGEP では、自由教育の基本要素は確保されないと述べる。そして RGEP を進めていくことは、「アメリカの大学の 60 年代と 70 年代の実験に示されるように、高い確率で、時間、お金、労力の無駄に終わるであろう」（Muega, 1999：55）と結論する。

最大規模を持つディリマン校では、それまで一般教育科目を提供してこなかった学部は賛成し、一般教育を担ってきた文系の学部（旧文理学部の社会科学・哲学学部、文芸学部）は最後まで反対するなど、対応の違いも際立ったという。しかし最終的には、反対派の学生がバナーを掲げる中で行われた 2001 年の大学会議での採決を経て、ディリマン校も RGEP を採択することになった。このように多くの反対意見が表明されたが、RGEP は 2002 年度からフィリピン大学全体で実施されることとなった。

RGEP の導入に際して、フィリピン大学のすべてのユニットが、

8　RGEP では、「数学・自然科学」というコア・カリキュラム時代の領域名が、「数学・科学・技術」へと変更されている。

第 10 章　ネーション・ビルディングと一般教育　　119

新たな一般教育科目を提供することが奨励された。初年度には、RGEP の科目としてシステム全体で 47 の新規科目が認められた。しかしそのうち 33 科目はディリマン校の科目であり、構成大学によって科目数に大きな違いが生じた。

　2010 年に出された RGEP の評価報告書によると、ディリマン校では 3 領域合計で 85 科目が提供されている。他の 6 構成大学での科目数は 31 〜 41 であり、通信制のオープン・ユニバーシティでは科目数は、コア・カリキュラム時代の 14 から 2 科目増えただけの 16 に留まっている。また領域別にみると、ロスバニョス校の芸術・人文学領域は、コア・カリキュラム時代の 5 科目から 1 科目しか増えていない 6 科目であった。つまり、オープン・ユニバーシティや構成大学内のいくつかの領域では、RGEP 導入以降も、実質的にコア・カリキュラム時代とさして変わりのない一般教育が行われていたようである（Roman, 2010）。

　そうした偏差があることを確認した上で、最大規模を持つディリマン校の RGEP の科目を見ておこう[9]。2012 年のディリマン校の芸術・人文学の例をあげると、全部で 37 科目が提供されており、うち 25 科目が、一般教育を担っていた旧文理学部の流れを汲む文芸学部から提供されている。科目名を見ると、複数の英語科目のほか、フィリピノ語科目である「言語、文化と社会」、音楽学部が提供する「フィリピンの音楽」や「世界の音楽文化」、マスコミュニケーション学部が提供する「ピノイ（フィリピン人）映画」や「新世紀のニュース」、文芸学部が提供する「セクシャリティ、性と文学」（フィリピン研究科目）「1946 年以降のフィリピン文学と社会」「私たちの身の周りの芸術」「ヨーロッパの文化と文明」、パンパンガ語が主要言語である州にあるパンパンガ分校が提供する「パンパンガ文化論」など、実に多様な科目がある。また、「あなたのテク

9　ディリマン校の RGEP 科目は、フィリピン大学履修登録課のサイトにて取得した。(http://our.upd.edu.ph/files/ListofGECourses.pdf　2015 年 9 月 7 日閲覧)

スト／私のテクスト：フィリピン文学入門」「ラジオとテレビ：オン・エア／オフ・エア」などの趣向を凝らした科目タイトルも見られる。

　さて、先にも触れたように、こうして始められたRGEPに対しては、その提案段階から教員、学生によってさまざまな批判がなされてきた。ここでは、一般教育におけるナショナリズムの位置づけ、選択の自由の原則を導入することで科目間に競争を促すことの是非という2つの論点を紹介しておこう。

　最初の点については、RGEPは、一般教育プログラム導入時に必修化されたフィリピン史や、言語ナショナリズムの高まりの中で1970年代に一般教育カリキュラムに導入されたフィリピノ語科目を、領域内の他の科目と並べて選択可能とした。これについて、フィリピノ語学科のギリエルモは、RGEPがフィリピノ語、フィリピン史を必修から外したことで、関心がないからといってこれらの科目を学生がとらないことも生じるであろうと述べる。そしてRGEPは「アンチ・ナショナリスティックであり、プロ・グローバリゼーションである」（Jose，2009：157）と批判する。同様に、ディリマン校の歴史学科も、フィリピン史を選択科目にすることに反対した。また、各構成大学の学生自治組織は、RGEPが「選択制」ナショナリズムを進めていると抗議した（ibid.：157）。これらの批判に対しては、大学執行部もフィリピン史だけがナショナリズムを独占しているわけではなく、音楽でも芸術でもフィリピンについて教えることができるなどと反論を行っている（ibid.：158）。フィリピノ語学科教員からの「プロ・グローバリゼーション」という批判の背景には、海外移住の拡大や、ビジネス・プロセス・アウトソーシングによる国内の雇用機会の拡大などの形で表面化するフィリピン経済のグローバル化の中で、高等教育におけるフィリピノ語の重要性が低下していくという危機感もあったかもしれない。いずれにしても、こうした議論からは、学問の自由やリベラルな価値を掲げながら、学部教育でのフィリピノ語使用方針を採用するな

第10章　ネーション・ビルディングと一般教育　　121

ど独立後のネーション・ビルディングに積極的に関与してきたフィリピン大学においては、一般教育プログラムにおいて、国際主義とのバランスが保たれた「ナショナリズムへのコミットメント」をいかに醸成していくかが重要な論点となったことが窺える。ただし、教員へのインタビューの中では、国語とはいえ、実質的にはタガログ語であるフィリピノ語の重要性を主張する上記のような意見に対して、フィリピン国内の多言語状況を踏まえれば、タガログ中心主義にも見えるという批判があったことも付け加えておこう。

また、第2の点について見ると、全科目を選択科目にして、新規科目を増やすことで、科目間での競争を刺激し、授業内容の向上につなげようとするRGEPに対しては、教育の現場に「自由市場」の論理を導入するネオ・リベラルな改革であるという批判もなされた。そうした批判では、この改革によって、内容よりも魅力的なタイトルをつけるなどで学生の人気を得ることや、楽しませるような要素を入れることに傾いていくのではないかとの懸念が表明された（Jose, 2009：157）。2011年の理事会学生代表は「教員は科目を『売る』必要性に迫られ、必要な科目よりも人気のある科目だけが生き残る」[10]と述べる。また、学生を自由市場における「顧客」と見るRGEPのもとで、各科目、各学科が「顧客」の獲得競争に巻き込まれていくことによって、全体として授業の質はかえって低下した可能性も指摘された（Guillermo, 2007：193）。このように、学生による「自由な選択」という原則の導入が、高等教育への、経済あるいは市場の論理の浸透という大きな潮流と結びつけられて批判されたことも、この時期の一般教育改革の議論の特徴であった。

おわりに

前節でみた批判に加えて、学術論文の執筆の仕方を学ぶ科目も選

10　*Philippine Collegian*, July 2, 2013

択にしたために、学生のレポートや論文の質が低下したなど、フィリピン大学の一般教育カリキュラムであるRGEPには、その導入以来、実に多くの批判が向けられてきた。こうした数々の批判に対して、ディリマン校では、2012年から、フィリピノ語と英語の科目のほか、歴史1（フィリピン史）、哲学1、数学1、科学と技術と社会、の4科目を必修科目に戻して、残りを選択科目とする「ハイブリッドGEプログラム」を導入するという形で決着を図っている。

　本章では、アメリカ植民地期に設立されたフィリピン大学が、独立後に一般教育プログラムを導入して改革を重ねていった過程を、ごく大まかにではあるが跡付けてきた。そこには、設立時以来の自由教育の伝統を持ち、リベラルな価値と学問の自由を掲げながらネーション・ビルディングに積極的にコミットしてきたという、フィリピン随一の国立総合大学であるフィリピン大学の特徴が映し出されていたと見ることができるだろう。その一方で、一般教育プログラム導入時やRGEP導入時の語学科目やフィリピン史科目についての議論は、フィリピンの植民地経験を考慮することなしに理解することはできないだろうし、また、RGEPの自由選択の原則の導入に関する議論には、昨今、世界中でなされているネオ・リベラルな教育改革への批判との同時代性を見て取ることができる。その意味で、本章の描写は、固有の特徴を持った一大学の例を通してではあるが、植民地経験を有し、現在、グローバル化、そしてネオ・リベラルな諸改革にさらされる社会における大学の一般教育改革のあり方を映し出してもいるといえるだろう。

　現在、フィリピン大学では、一般教育についてのさまざまなレベルでの会議や委員会での議論が定期的に行われている。その大きな要因は、中等教育の就学年数を2年間延長する"K to 12"改革の完成年度に向けて、一般教育のさらなる改革が求められていることである。そうした改革において、果たしてどのような論点が浮上してくるのであろうか。注目されるところである。

【参考文献】

Agoncillo, T., Philippine History & Institutions I in the General Education, *University College Journal,* vol.1, 93-101, 1961

Guerrero, M., Sinco's Clash with Conservatism. In O. Alfonso (ed.), *University of the Philippines: The First 75 Years (1908-83)*, University of the Philippine Press, pp.339-387, 1985

Guillermo, R., "Ang Revitalized General Education Program (RGEP) ng Unibersidad ng Pilipinas: Edukasyong Nakamodelo sa Pamilihan." In Lumber et al (eds.), *Mula Tore Patungong Palengke: Neoliberal Education in the Philippines*, IBON Philippines, pp.179-194, 2007

Jose, R., Accelerating into the Twenty-first Century: Under the Millennium President, In F. Llanes (ed.), *UP in the Time of People Power (1983-2005)*, The University of the Philippine Press, pp.124-182, 2009

Kintanar, T., At the Heart of the University: The Liberal Arts Tradition. In B. Aquino (ed.), *The University Experience: Essays on the 82nd Anniversary of the University of the Philippines*, University of the Philippine Press, pp.121-139, 1991

Muega, M., On Why the RGEP Needs to be Overhauled, *Education Quarterly,* vol.44-46, 51-60, 1999

Roman, E., *Reexamining UP's General Education Program*, College of Business Administration, University of the Philippines, 2010

Tenmatay, A., General Education in the University of the Philippines, *University College Journal,* vol.1, 30-49, 1961

第 11 章

台湾の大学通識教育について
——国立政治大学「通識教育中心」の活動を中心に

荒見泰史

1 「通識」と「通識教育中心」

　筆者は、2011年3月に台湾の「国立政治大学通識教育中心」（「中心」は日本語でセンターの意味、以下「通識教育中心」とする）を訪問し、台湾の通識教育への取組みを調査する機会を得た。本章では、そのときに知りえた情報について、国立政治大学の通識教育中心での取組みを中心に紹介したい。

　ここに言う「通識教育」というのは、今日の中国、台湾において、しばしば General Education の訳語として用いられる用語である。ただ、この「通識」という語は中国語では長く「六芸[1]に通じた人」「深い学識に通じ知識の応用ができる教養人」の意で使われてきた経緯があり、広い知識を備えるというばかりではなく、さらにその知識を応用できる知識人というイメージも同時に表わしている。台湾の大学教育において初めて通識教育という語が用いられた当初には、そのような古くからのイメージが反映されていたよう

1　六芸とは、中国古代に教養人が学ぶべきとされた六種の技芸である。『周礼』にもすでに「養國士以道，乃教之六藝：一日五禮、二日六樂、三日五射、四日五御、五日六書、六日九數」のように言っている。後の漢代司馬遷の『史記』では六経、すなわち『詩経』『書経』『礼記』『楽経』『易経』『春秋』そのものを指して使っており、以降のものもこれに従っている。

125

である。

　台湾の大学において通識教育の名が用いられるようになったのは、台湾の民主化が進んだ 1980 年代に「通才教育」の名で新たな教育制度が模索されるようになったことがきっかけであるが、その主眼となったのは台湾大学虞兆中学長[2]が主張した、人格形成を学校教育の中心とするという考え方であった。そのために台湾大学では 1982 年に「通才教育工作小組」が設置され、翌年には「社会科学大意」「自然科学大意」の 2 科目が開設された。さらに翌年には「文学与芸術」「歴史与比較文化」「社会与哲学分析」「数学与自然科学及応用科学」などの五領域中に多くの科目が開設された。これに続いて台湾の各大学でも台湾大学と同様の科目が開設されるようになり、1984 年教育部において、通識の名によって「大学通識教育選修科目実施要点」が発布されたのである。台湾の多くの大学に通識教育中心が設置されたのもこの時代である。このように見た場合、通識教育は、本来的には中国的教育観をもととして、リベラル・アーツを重ねあわせて用いられていたものと見ることができる。

　しかし、こうした深い学識に通じ知識の応用ができる教養人という理想も、長い期間の運用の中で形骸化が進み、後には次第に通識教育を軽視する傾向が広がってきたという。多くの台湾人学生の感覚からは徐々に通識教育という名称から本来の六芸やリベラル・アーツのようなイメージを思い浮かべるものは少なく、日本における教養教育の場合にも似た状況を見ることができる。そのような状況を経て、30 年近くを経た今日になって通識教育を再生させ、大学で開設される多くの通識科目を整理統合し、さらには専門教育とも有機的に結合させようという動きが広がってきた。これが、本章

2　虞兆中（1915-）土木研究者、教育学者。台湾における通識教育の提唱者。江蘇省宜興出身。1937 年国立中央大学土木系卒業、卒業後は国民政府に勤務する。1947 年台湾大学で教員となり、1957-65 年まで土木系主任。のち台湾大学工学院院長。1981 年から国立台湾大学学長を務める。

でも取り上げる近年の通識教育の改革である。

　このことは、台湾教育部も強く方向性を打ち出している。たとえば、『教育部 97 年度施政計画』（民国 97 年は 2008 年）には以下のようにある。

　　教育とは学生を主体とするものであり、「適性揚才（個性に合わせて才能を伸ばす精神）」「迎向全球（グローバル社会に向き合う精神）」「扶助弱勢（弱きを助ける精神）」という核心的精神を伸ばすために、教育部はとくに「創意台湾（台湾オリジナル）」「全球布局（グローバリゼーション）」を主軸とする教育施政方針をうちたて、「培養現代國民（現代国民の育成）」「発揚台湾主体（台湾オリジナルの発揚）」「拓展全球視野（グローバルな視野の開拓）」および「強化社会関懐（社会への関心の強化）」の 4 大綱領、34 項行動方案を企画し、「培育各尽其才新国民（能力を発揮する新国民の育成）」の理念をもって，教育の理想をそれぞれの人々に落実させ，その潜在的能力を最大限に発揮させ、自己を実現させ、成功への道を進むものとする。

　こうした中に、大学における通識教育の改革も 34 項目中に織り込まれている[3]。教育部による『教育部施政計画』においても、「通識教育先導計画（5120010905-03）」として、2007 年 1 月 1 日～2010 年 12 月 31 日までの間に、（一）「以通識教育為核心之全校課程革新計画校計画（通識教育をコアとする全学プログラム改革の学内計画）」、（二）「通識教育資源平台建構計画（通識教育資源プラットホーム構築計画）」、（三）「通識氛圍強化計画（通識の強化計画）」、の実現を目指してきたことなどがまさにそれにあたる。本章で紹介資料とする台湾政治大学においても、このうちの（一）「以通識教

3　『通識在線』（中華民国通識教育学会）、『通識教育学刊』（中原大学通識教育中心）

育為核心之全校課程革新計画校計画」に基づいて、民国98年度から3年間で「全校課程地図建置計画（全学プログラムマップ作成計画）」を実施することになったのである。

　また、教育部では「文理学院」（Liberal Arts College）、「博雅教育」（Liberal Arts）を目指す考えも示しており、採用に向けた検討が続けられている。ここで「文理」「博雅」の新たな訳語を用いて明確にリベラル・アーツを目指す考えが示されたのである。これについて国立政治大学通識教育中心では「博雅書院」という寄宿舎を開設し、学業のみではなく生活態度も含めた総合的な教育を行う、全人教育を目標としている。

　ちなみに、この「書院」教育という考え方もまた古くから中国に見られるものである。中国における書院といえば、唐代の宮廷内で経籍収集や整理を行っていた集賢殿書院を嚆矢とするが、その後の宋代以降に盧山に私塾としての白鹿洞書院が開かれると、後代に至るまで一貫して私塾の一形態を指す名称として使われるようになった。台湾においても、日本統治が始まるまでこの名称の私塾が多く存在していたことが知られている。そうした書院の目指す教育は、多くが科挙試験を目指したものであったことは言うまでもないが、最早期の宋代に開かれた白鹿洞書院の掲げた理想は、朱熹『白鹿洞書院掲示』に記され、後代の書院に引き継がれていったとされる。そもそも、中国に古くからある書院における教育は、全人教育という視点が見られており、中国語の書院という語にはそのような意味あいが含まれているのである。

　総じて、通識教育にしても、書院教育にしても、欧米からのリベラル・アーツの影響、そしてグローバル化の影響を受けた新たな教育改革の推進という動きではあるものの、中国に古来よりある教育理念、教育方法と同類のものとして、古来の教育と重ねあわせるように理解、吸収されているように見える点は、大変興味深い。外からの影響による改変という新たな動きが、同時に中国的な理想的状況への復古という理解ともつながるもので、教員の理解と同調もよ

り進みやすくなるのである。

2 国立政治大学と通識教育中心の活動

　国立政治大学は、1927 年に創立された人文社会学方面における最高峰の大学の 1 つである。

　その歴史は、1927 年南京に中央党務学校として北伐期間における政府幹部の教育訓練機関として創立されたことに始まる。同年 7 月には中央政治学校に改組され、蒋介石が校長を務めている。

　1937 年日中戦争勃発後には、国民党政権とともに重慶に移転し、それを機に専攻を法政系、経済系、外交系、新聞系、地政系の五系にまで増設されている。戦後になると、1946 年中央政治学校と中央幹部学校が合併され、現在の国立政治大学という名称に改められることになる。

　国民党政権が台湾へ移った後の 1949 年から 1954 年に至る間は、反共産党、反大陸の意識が強く、また台湾にはすでに国立台湾大学、台湾省立農学院（現 国立中興大学）、台湾省立工学院（現 国立成功大学）、台湾省立師範学院（現 国立台湾師範大学）、台湾省立台北工業専科学校（現 国立台北科技大学）、台湾省立行政専科学校（現 国立台北大学）、台湾省立海事専科学校（現 国立台湾海洋大学）、台湾省立護理専科学校（現 国立台北護理健康大学）、台湾省立農業専科学校（現 国立屏東科技大学）、淡江英語専科学校（現 淡江大学）などがあったことから、大陸の大学を復校させることは認められなかった。しかし当時は人材育成がまさに台湾の急務であり、1957 年に大陸の各国立大学が台湾での「復校」のさきがけとして台北市文山区木柵に国立政治大学が建てられると、国立清華大学、東呉大学（旧 蘇州大学）、国立交通大学、国立中央大学、天主教輔仁大学などが続けて建てられた。国立政治大学学長は、北京大学学長も務めた心理学者の陳大斉であった。

　その後は、1960 年に附属の実験小学校、2005 年には附属中学校

第 11 章　台湾の大学通識教育について　　129

が設置され、現在は文学院、理学院、法学院、商学院、社会科学院、外国語文学院、伝播学院、国際事務学院、教育学院の9学院、33学系、欧洲語文学士学程、伝播学院学士学位学程の2つの学士学位学程、48の碩士班（含碩士学程）、32の博士班、16の碩士在職専班、5つの全英語学位学程（台湾研究英語碩士学程、中国大陸研究英語碩士学程、国際経営管理英語碩士学程、国際伝播英語碩士学程及亜太研究英語博士学位学程）がある。

また研究中心としては、公共行政及企業管理教育中心、社会科学資料中心、電子計算機中心、国際教育交流中心、附設公務人員教育中心、教学発展中心、国際関係研究中心、選挙研究中心、第三部門研究中心、創新与創造力研究中心、中国大陸研究中心、台湾研究中心、人文研究中心、心智大脳与学習研究中心、原住民族研究中心等がある。

現在ではこれらのほかに附属後宮中学、附設実験国民小学校および幼稚園を併設し、政治大学では幼稚園から大学、碩士、博士までの一貫教育を行っている。在校生、在学生は15,000余名、専任教員は600余名、研究員は40余名にのぼる[4]。

この国立政治大学で、先の教育部中綱計画「以通識教育為核心之全校課程革新計画（通識教育をコアとする全学プログラムの改革計画）」をうけ、2009年から全人教育を目指した通識教育の改変を行うことになった。その計画は段階的に以下の6つの「子計画」を遂行することとしている。

　（一）「博雅教育」を組織的に行い、教育効果を高める。行政管理、教学課程、研究発展を結合するシステムの構築。
　（二）「通識核心（コア）課程」を作る。「博雅教育課程」を展開する素地の作成。
　（三）「全学校課程地図（全学プログラムマップ）」を作成する。

4　蔡連康「人文薈萃政治大學緣起與發展」『通識在線』No.28、2010および国立政治大学ホームページ（http://www.nccu.edu.tw/）参照。

基礎から発展するためのロードマップの設計。

(四)「自然科学通識教育」を行う。文理にまたがる教養人の育成と高等教育における科学教育の発展のため。

(五)「博雅教育栄誉実験班」を設置する。とくに優れた人材を選び、育成するシステムの構築。

(六)「書院通識課程」を構築する。全人教育を目指した理想的「知識大学城」の構築。

　ここで、しばしば登場する「博雅教育」というのは、リベラル・アーツを意識する言葉であり、やや形骸化した教養教育といったイメージをも持つ「通識」という語に対して最近多く使用されるようになった言葉である。やはり古典に典拠のある言葉で、本来的な意味としては博識、通才にも通じるが、さらに品行方正といった道徳的なイメージを加えて使用されることが多い。ともかく、ここでは、全人教育を目指して、幅広い知識を活用できる学生を育成するためのシステム作りをするという考えがあらわれている。

　このうちの (一) においては、各系、研究所とともに計画を遂行するための教育管理システムの構築を中心とする。そのシステムは、「通識教育中心全体委員会議」が全体を統括し、その下に「中国語文領域小組」「外国語文領域小組」「人文科学領域小組」「社会科学領域小組」「自然科学領域小組」「書院通識課程小組」の各領域から選出されたメンバーで構成された「領域召集人会議」が置かれ、各領域の代表により意見が集められる形となっている。また、それを支える事務、行政的組織などでは「政策企画評估小組（政策企画評価グループ）」「課程発展改善小組」「行政服務出版小組」「高等教育研究中心」「増撥員額与合作系所（適宜追加されるメンバーおよび連携する学部、研究所）」がこれらを支える仕事をする。

　国立政治大学では、もともと教養教育課程を専門に担当する系、研究所は存在せず、今回の改革においても通識教育中心という行政組織が中心となって改革が進められる。授業を出すのもあくまでも

各系、研究所であり、これに必要な経済的負担は通識教育中心が負うとされている。

（二）では核心能力大学生を育成するための核心（コア）となる教育内容を検討するとしている。ここで言う「核心」能力とは、マクロ的分析能力、ミクロ的分析能力、自学能力、判断能力、公民意識の発展を目指すことであり、教育内容は書写能力、論理的思考方法、批判精神、国際観、史観、芸術鑑賞能力、創意工夫などを含む12の項目としている。

2011年時点での科目は表11-1の通りである。

一見して日本の教養教育課程とそう変わらないようにも映るが、①中国言語領域をもうけ、自国の国語に多くの時間を割いていること、②一般通識科目では「科技與人文社會」のように、複数の領域にまたがる科目名となっていること、③「書院教育」という寮生に対する活動を中心とする教育が含まれていること、は特徴的であると言えよう。さらに、これらは各系、各研究所が担当するが、言語通識以外の多くの授業では、学長、系主任、あるいは特任の「講座教授」など、学識経験の豊富な教授が担当することになっていることも特徴の1つである。

ちなみに、現行の必要取得単位数は表11-1にもあるように「語文通識」として「中国語文通識」（4〜6学分（学分は単位に相当））と「外国語文通識」（4〜6学分）、「一般通識」として「人文学」（3〜8学分）、「社会科学」（3〜8学分）と「自然通識」（3〜8学分）であり、卒業に必要な単位数は最低28学分で32学分を上限とするということになっている。学分は日本でいう単位である。卒業に必要な単位数が128学分なので通識教育の占める割合は4分の1程度と決して高くはないように見えるが、将来的には専門教育においても「跨専業（学際科目）」という名目で他領域、他学部の科目を全単位の4分の1履修することになるという。

（三）の「全学カリキュラムマップ」というのは先の12項目のコア能力を身につけるために、大学4年間における学習の内容と

表 11-1　國立政治大學通識課程架構表

課程類別		學分	課程	課程名稱	備註
言語通識	中國語文領域	4-6		中國語文	
	外國語文領域	4-6		外國語文	
一般通識	領域向度			課程名稱	
	人文學　藝術與人文思維	3-8	6門	藝術欣賞與制作	傳播學院
	生命價值與哲學思維			生命價值與哲學思維	宗教所
				生命探索與宗教文化	哲學系
	世界文明與歷史思維			文明發展與歷史思維	歷史系
				近代臺灣歷史與人物	臺史所
	社會科學　法政制度與民主思維	3-8	6門	臺灣政治	政治系
				法律素養	法學院
	社經脈動與多元思維			生活中的經濟學	社科院
				媒體素養概論	廣電系
	區域發展與全球思維			社會學動動腦	社會系
				國際經驗與國際視野	商學院
	自然科學　數學、邏輯與科學方法	4-8	8門	數學邏輯與科學方法	應數系
	物資宇宙科學			生命中的律動	應物系
				物理學史與人類文明	應物系
	生命科學			生活中的生命科學	神科所
				大腦和我	神科所
				心理學概論	心理系
	科技與人文社會			數位時代中的生活紀實	資科系
				科技與人文社會	科管所
書院通識	新生定位	1-4	6門	大學入門	教育系
	行動實踐			行動實踐專題	政大書院
學分總數				28-32學分	

第 11 章　台湾の大学通識教育について　133

習熟度を明確なロードマップに表し、学生たちが学習に際して、目標に向けて総合的に学習できるように整理統合しようとするもので、台湾の多くの大学で進められているものである（教育部顧問室，2009）。これらは、性質上、「課程学習地図（地図はマップに相当）」「職涯進路地図」の2種に分けられるという。

「課程学習地図」は、「通識課程地図」と「専業課程地図」からなり、「課程内容」「課程目標」を明確にし、系統的かつ、重層的、不足の生じない学習の流れを組織できるように配慮し、学生が多くの科目から目標に向けてより有効な科目を選択できる道順を示すというものである（行政院青年輔導委員会，2009）。国立政治大学では、学生の能力を12の項目に分類し、学生、教員双方の授業評価の結果を「核心能力分析図」（「通識核心能力成績雷達図〈雷達はレーダーに相当〉」）に表し、科目ごとに習得できた項目をグラフによってあらわすよう工夫している。

「職涯進路地図」は、学生がそれぞれの専攻を卒業した後の進路を、卒業生の進路などからまとめたものである。各専攻では、卒業生の進路と開設されていた科目内容を総合的にまとめ、学生たちに各人が学ぶべき内容と、将来発展していく方向について参考となる資料を提示することを目標としている。なお、このマップは我々が調査した時点では未完成とのことであった。

3　国立政治大学の通識教育と漢語圏社会で求められる古典的素要

以上に、国立政治大学通識教育中心の活動を中心に、台湾の通識教育の現状を見てきた。この調査を行ってから現在までに、すでに4年の歳月がたっているが、国立政治大学ではその後も大きく変更されることなく順調に運営されていると聞く。2009年に始められた通識教育の改革が、通識教育中心などの行政組織を中心として、2011年新入生から新制度の採用となり、全学をあげた取組みとし

て4年間の成果を上げてきたことになる。

　その間、本章では具体例をもって紹介はしなかったが、国立政治大学では、「政策企画評估小組（政策企画評価グループ）」により、授業評価の結果が授業科目ごとに「核心能力分析図」（「通識核心能力成績雷達図」）に表され、学内向けではあるがインターネット上で公表されている。こうした評価の公表は、担当各教員にはかなりの負担となっていると聞くが、行政組織の意向が強く反映される台湾の大学運営の中での、行政側の改革への強い意志が表れているのである。

　ただ、そうした運営の中で、「通識」「書院」など、古来の教育に用いられてきた、学問を行う上での理想を示す漢語表現が利用されていることは、先にも言うように行政側主導である意味性急にも見える改革案を教員側に受け入れやすくしているようにも見える。大学改革ばかりではなく、広く漢語圏で行われる改革において、しばしばこうした理想的かつ復古的なイメージを抱かせる漢語表現が選択されることは漢語圏社会の特質ともいえるのではないか。そうした意味でも、「通識」「書院」の与えるイメージから理想的な教育制度と理解され、今日までの安定的運営につながっていると言えるのかもしれない。外国語教育が重視されつつも、同じ時間を自国の国語教育に費やし、伝統的教育を重視すべきとする考えが表わされていることも、そこにつながるものと考えられる。外国語ではTOEIC600点、TOEFL500点等を卒業要件とする国立政治大学で、同等に求められる国語、古典の素養がいかに高いものであるかは容易に想像されるところであろう。

　なお、この国立政治大学の教育体制は、新学長のもとに再来年度にまた新たな改変が行われる予定という。授業内容の見直しと開講授業数の削減、大学のグローバル化に合わせた新たな改変とのことで、学内では2016年9月に施行を目指して議論が行われているとのことである。世界的に進められる大学のグローバル化、そして学生の移動に対応する体制づくりが、大学教育の産業化、各国の伝統

的教育の荒廃へとつながることが懸念されている今日であるが、日本と緊密な関係を持つ台湾の大学の動向は、我々としても今後とも注目していかなければならない重要な問題となるであろう。

【参考資料】

国立政治大学教務処通識教育中心『全校課程地図建置計画第一階段成果報告』
　2010

蔡連康「人文薈萃政治大學緣起與發展」『通識在線』No.28、2010

吳思華・陳幼慧「建構高等教育人材培育新典範：政治大學通識教育發展理念與
　策略」『通識在線』No.28、2010

第12章

読書指導と教養教育
——広島大学の取組みを中心に

盧　　濤

> ブルジョワジーは、それまであがめられ、尊敬をこめた畏怖を
> もって見られてきたあらゆる職業から、その後光をはぎ取りま
> した。医者、僧侶、詩人、学者を、自分たちの賃労働者に変え
> てしまったのです。　——マルクス、エンゲルス『共産党宣言』

はじめに

　日本の大学における教養教育の実態を把握するには、学生に対す
る読書指導の状況を調査する必要があると思われる。読書指導と
は、「広く、読書を通じた人間形成一般と同義で用いられることも
あるが、通常は、読書による人間形成をめざした、読書能力、読書
興味、読書習慣、書物選択能力などの発展のための意図的働きかけ
を指して使われる」（平凡社『世界大百科事典 第2版』(2006)）
と定義づけられるように、読書活動が教養を身に付けるプロセスを
含めた人間形成と深く関わっているのである。また、「かつては，
教養について，『知識人としての教養の脈絡あるリスト』とでもい
うべきものがあった。それは，例えば，学問の体系の基礎を成す哲
学や思想，科学，文学や芸術の古典をはじめ，教養として広く認め
られた書物のリストであった」と、中央教育審議会「新しい時代に
おける教養教育の在り方について（答申）」(2002) の中で指摘さ

137

れているように、教養の内実と解釈は場合によって特定の書物によって規定されてしまうものなのである。

　伝統ある地方の中堅国立大学としての広島大学においては、教養教育が重視され、さまざまな取組みが行われてきた。2003 年からの 10 年間、学生に対して行われてきた読書指導もその取組みの 1 つになる。本章では、その結果として、岩波書店から 2005 年に出版された『大学新入生に薦める 101 冊の本』、2009 年に出版された『大学新入生に薦める 101 冊の本（新版）』、そして 2012 年に広島大学図書館に設置された「広大生のための 123 冊」読書コーナー、2013 年春ごろ提唱された「名著との対話」といった読書指導の内容を整理しつつ、教養教育推進に伴う読書指導の特徴と問題点を述べたうえ、2012 年に東京大学出版会から出版された『東大教師が新入生にすすめる本』と比較し、広島大学と広島女学院大学の大学生 53 名に対する名著認知度の調査結果を手がかりに、今後の教養教育における名著の読書指導のあり方を考察する。

1　『大学新入生に薦める 101 冊の本』の成立

　2003 年から広島大学総合科学部図書運営委員会で、「二〇世紀までの人類の知的遺産を継承し、二一世紀の課題につなげる」という基本コンセプトのもとで選書作業を始め、リストアップされた 2,000 冊の本から 101 冊に絞り、選定された書物についての紹介を 39 名のさまざまな領域の教員が執筆した『大学新入生に薦める 101 冊の本』（広島大学総合科学部 101 冊の本プロジェクト編）が 2005 年に岩波書店から出版された。「『文理横断型』の知を強調するユニークな読書案内」というキャッチフレーズが示すように、本書は、教養教育主担当機関としての広島大学総合科学部の教育理念である「文理横断」を際立たせており、「現代における大学の教養的教育のベースラインあるいはそのコアとなる書物」を提示し、教養教育の「水準とアウトライン」を示すということをねらってい

表12-1　初版『大学新入生に薦める101冊の本』の構成

章	小見出し（括弧内はそれぞれの収録冊数）	冊数
1、時代を超える基本教養	個の確立（5）、歴史のなかの人類（5）、平和をつくる（5）、理性への信頼（5）、偏見と思いこみからの自由（5）	25
2、人間の記録	戦争の傷跡（5）、信念に生きる（6）、老いと死（5）、闊達な人生（5）、知の探求（5）	26
3、越境する知	論理的思考を身につけるために（5）、新しい宇宙・歴史観（5）、専門家の終焉（5）、時間とは何か（5）、科学が生む新しい人間観（5）	25
4、現代の重要問題	目標なき社会（5）、人間とは何か（5）、グローバル化する世界（5）、危機に立つ地球（5）、日本はどうなる？（5）	25

る。表12-1がその構成である。

　表12-1の構成を見ると、本書は多岐にわたって「現代教養」に相応しい本を選んだ印象を与えるが、しかしそこに存在する4つの問題点も指摘しなければならない。

　まずは、カテゴリーの問題である。一例をあげると、言語関連の書物として、『日本語練習帳』（大野晋）と『日本人の英語』（ピーターセン）、『ことばと文化』（鈴木孝夫）、『生成文法の企て』（チョムスキー）が収められているが、これらはそれぞれ「日本はどうなる？」「グローバル化する世界」「論理的思考を身につけるために」に分かれている。また、中国告発作品の『ワイルド・スワン』は「グローバル化する世界」に入っているが、後述の新版では、「戦争の傷跡」というカテゴリーに収録されてしまい、カテゴリーの不安定さ、不明確さがうかがえる。

　次に、現代偏重の問題がある。この読書案内では、「古典中心で文学偏重の『教養』を避け」る方針を掲げており、シェークスピアやゲーテなどの18世紀以前の名著は完全に除外されている。しかし、教育現場においては、避けて通れない問題にぶつかる場合がある。例えば筆者は、言語類型論という授業において、類型の概念を理解してもらうために、ハムレット型人間とドン・キホーテ型人間

という言い方をしたが、ディスカウント・ストアのドン・キホーテを連想したせいか、セルバンテスの小説の主人公に反応を示す学生が少なかったことを実際に経験した。

また1つは、リベラル派作品を除外したことである。日本のリベラル派として名高い文化人、文学者によるもの、例えば丸山眞男や加藤周一、大江健三郎や井上ひさしの作品はいずれも外されている。何を学生に読ませるかは、教員個々人の人生と学問に対する態度を示す価値観や、専門領域に左右されやすい教育観、研究観などと深く関わっているものであり、これといったスタンダードあるいは普遍的意義のあるものを保証することにはならない。それにしても、教養は「広くは人知を培う源泉となった古典的な教養にはじまり、より現代的には、環境や人権、生命、情報といった全地球的かつ領域横断的な知見にいたるまでをカバーする」ものというとらえ方（白井、2003：20）、あるいは環境、生命、人権、宇宙を新しい「教養」の中身とする提唱（寺崎，1998：62）に賛同するのならば、全地球的、全人類的視点から人権の尊重、生命の尊重をモットーに知的活動を進めてきたリベラル派の書物を無視するわけにはいかない。

最後に、欧米偏重の問題である。43冊の日本語作品に対して58冊の翻訳作品が収録され、日本語の作品の割合がやや少ない。それに、25冊もの方法論関連の書物を収めた第3章の「越境する知」には、日本語作品が6冊しか入っておらず、方法論的に欧米の優位性を認めた形となっている。また、中国の書物はゼロであり、中国を扱ったものも、「グローバル化する世界」に収録された『ワイルド・スワン』の1冊だけであった。1960年代後半から中央公論社より刊行され始めた「世界の名著」全81巻のリストを調べてみると、第3巻の孔子／孟子、第4巻の老子／荘子、第10巻の諸子百家、第11巻の司馬遷、第18巻の禅語林、第19巻の朱子／陽明学、第78巻の孫文／毛沢東と、中国の「古典」が続々と登場してくる。このリストと比較すると隔世の感を禁じ得ない。残念なこと

に、この欧米偏重と中国古典欠如という問題は新版においても改善されないままになっている（次節を参照）。

2 『101冊の本』のリニューアル

上の『101冊』に対する修正の要望が学内の関係部署から寄せられ、後に広島大学学長からの指示によって、新たに全学レベルの「広島大学101冊の本委員会」が立ち上げられ、『101冊』のリニューアルが始まった。その結果、2009年に岩波書店から『大学新入生に薦める101冊の本（新版）』が出版された。

「現代の教養」を育てる手がかりとなるユニークな読書案内というキャッチフレーズから分かるように、この新版は旧版と同様、教養教育を強く意識して編纂されたというところに変わりはない。そして、新版では、現代社会における教養を、「個人が社会とかかわり，経験を積み，体系的な知識や知恵を獲得する過程で身に付ける，ものの見方，考え方，価値観の総体」〈中央教育審議会「新しい時代における教養教育の在り方について（答申）より」(2002)〉という抽象的な概念を具現化しようとし、理解力、洞察力、判断力といった力としてとらえ、1)「知の普遍性」への理解の能力、2)「知の現場性、身体性」に根ざした探究心、3)「知の編集能力」という3つを「現代の教養」の源泉またはその具現としており、教養の概念化が試みられている。所収した書目も、これらの力を育てる手がかりとなる本かどうかを基準として選ばれたという。

表12-2を見ると分かるように、カテゴリーがより明確化される一方、広島大学の理念の1つである「平和を希求する精神」を反映し、「戦争と平和への希望」というカテゴリーを新たに立て、平和教育の具体化を進めようとしたのが新版の特徴になる。

ただし、初版と同様、新版も「現代の教養」を強調しており、「古典中心かつ文学重視の教養書」が外され、選定された書目は相変わらず現代のものに傾斜している。その理由としては、「現代の

第12章　読書指導と教養教育　　141

表 12-2　新版『101 冊の本』の構成

章	小見出し（括弧内はそれぞれの収録冊数）	冊数
1、教養への誘い	なし	15
2、人間の記録	人生とは何か（7）、自らを語る（8）、生と死（4）、知に生きる（6）	25
3、パラダイムを超えて	知の誕生（4）、科学の誕生（7）、進化について（4）、パラダイム・シフト（6）	21
4、戦争と平和への希望	戦争の傷跡（7）、敗北とむきあう（3）、ヒロシマ・ナガサキ、そしてチェルノブイリ（5）、平和をつくる手がかり（5）	20
5、現代の重要問題	混迷する「現代」（6）、危機に立つ地球（4）、グローバリズム（4）、「日本」という課題（6）	20

教養」に結びつく本が「古典の名著」の文化伝統を継承しているものであって、それを読めば「世界の名著や日本の名著におのずとたどり着くこと」になるからだと説明している。この「おのずとたどり着くこと」ができるという主張が問題であろう。なぜなら、「古代の古典を原語で読むことができないひとびとは、人類の歴史について、きわめて不完全な知識しかもてないにちがいない」というソロー（岩波文庫『森の生活』（上）、p.185）の指摘の如く、古典を読まないと、「不完全な知識」しか得られないからである。

　とはいえ、新版では、旧版の書目が半数までに入れ替えられ、古典作品の採用を増やしたり、50 冊の翻訳作品に対し 51 冊の日本語作品を収録したりして、それなりのバランスを保っている。また、第 1 章の「教養への誘い」には 11 冊、第 2 章の「人間の記録」には 17 冊もの日本語の作品が収められ、「日本人としての教養」「日本人のアイデンティティー」が前面に押し出された格好となったことも特徴の 1 つといえよう。逆に、第 3 章の「パラダイムを超えて」には日本語の作品が 4 冊しか入っておらず、依然として方法論的に欧米の優位性を認めた形となっている。この点は、後に続く読書指導において、徐々に改善される傾向が見られる。

3 「広大生のための123冊」読書コーナーの開設

　2011年秋、広島大学教育担当の理事と図書館長（2人とも副学長）が学内外から寄せられた意見を参考に、みずから選書に加わり、新版『101冊』にさらに22冊の書物を追加して、2012年春に広島大学図書館に「広大生のための123冊」読書コーナーを設置させた。その目的は、『101冊』を読んでもらうための読書環境を整備することと、古典、名著を薦めることにあるという。

　追加された22冊のうち、半分以上は古典的名著である。『永遠平和のために』『おくのほそ道』『コーラン』『種の起源』『シーシュポスの神話』『聖書』『戦争と平和』『白鯨』『ハムレット』『ブッデンブローク家の人びと』『レ・ミゼラブル』『論語』などが置かれ、宗教、哲学、歴史、文学等の古典は、可視化された形で姿を表し、学生が名著とより付き合いやすいようになった。この時点においては、新版『101冊』のものを含め、全体の3割強を占める38冊ほどの古典が学生に薦められた。後の「名著との対話」の約半数はこの「123冊」から選ばれたものである。

　古典や名著を増やした点で、この「123冊」を高く評価したい。確かに、小林（1998）が、「読むべきスタンダードな『古典』が定まっていて、一人の人間が時間をかけて、それを読み、身につけていくという時間概念は、インターネットで結ばれた研究者が世界の異なる地点で、同時に共通の学問的な課題に取り組んでいるような現在の知の現状にはまったくそぐわない」と指摘しているように、すぐに役に立つことや最新の情報と知識を求めがちなネット時代にあっては、古典の意義に懐疑的になったり、古典に対して困惑を覚えたりすることもあろう。しかし、100名の学生を対象に実施した丸橋（1998）の調査によると、一般教養科目が必要だと80%の学生が思い、文明論、心理学、宗教哲学、文学、地理学、仏教美術、教養演習、哲学、生物学、人文地理、物理学、法学といった、一部古典、名著ともつながりが深い授業が面白いという評価が得られて

第12章　読書指導と教養教育　143

おり（pp.80-81）、「現代教養」が必要とされる大学生のニーズに答えるためにも古典を提唱することが歓迎されよう。

4　「名著との対話」の提唱

2013年春ごろ、広島大学学長の提案により、各学部長による各分野の必読書の推薦を受けた後、新しい読書指導の試みとしての「名著との対話」ができた。「名著との対話」には、『医の倫理』『永遠平和のために』（123冊）『エミール』（101冊）『解体新書』『科学革命の構造』（101冊）『近代医学の建設者』『偶然と必然』（101冊）『建築とは何か』『国富論』『栽培植物と農耕の起源』『種の起源』（101冊）『自由論』（101冊）『徒然草』『風土 —— 人間学的考察』『武士道』（101冊）『方法序説』『枕草子』『民主主義と教育』『夜と霧』（101冊）『論語』（123冊）といった、ほとんど古典というべき20冊の書物が収められ、広島大学の図書館に複数組置かれている。その案内では、浅原利正学長（当時）が、「体系的な知識や知恵」を伝えている、「時代を超えて評価に耐えてきた古典、名著」に触れて、「体系的なものの考え方」を「主体的に学ぶこと」が期待されている、と名著との対話の意義を語っており、古典、名著に対する再認識が示され、古典名著との付き合いが促されている。

2013年秋、「領域科目複合領域」という教養教育科目として、指定されたこの20冊を使う授業科目「名著との対話（Reading the Classics）」が開講され、読書指導が制度化され、教育の現場で生かされる形となった。そのシラバスでは、「学生・教員が自主的に集まって名著を読む機会を提供し、1人で読むことのできない本を仲間と議論しながら、知的関心を深める力を身につけることを目的とする」と授業の目標が記載され、名著を読む教養教育的効果への期待がこめられている[1]。

1　広島大学における教養教育科目は複雑なものであり、教養ゼミ、平和科目、パッケージ別科目、総合科目からなる「教養コア科目」と、外国語科目、情報

5 東京大学の66冊

　先で検討してみた広島大学における読書指導の取組みを比較検証するには、東京大学の事例が参考となる。

　東京大学では、選書委員会の立ち上げや学長の指示に基づいた選書作業を行わなかった。組織的な読書指導はないものの、1988年から毎春、東京大学出版会のPR誌『UP』に図書推薦アンケートの「東大教師が新入生にすすめる本」を掲載し続け、2011年までの24年間で、570名の教員から3,400冊もの書物の推薦を得た。図書推薦25周年を迎えた節目の2012年に、そのアンケートの集計結果を公表したのが『東大教師が新入生にすすめる本』である。図書推薦アンケート調査自体は、教員個々人の読書経験や愛読書を披露したもので、教養教育を意識した書物のカテゴリー化も図らなければ、教養教育に対する直接的な言説も見当たらない。しかしながら、人文科学、社会科学、自然科学の全領域におよぶ基本図書の俯瞰図として注目に値する。特にその巻末に掲載された「ランキングリスト66冊」が、読書指導の参考としてたいへん興味深い。

　この「ランキングリスト66冊」の基本的な傾向が示されると思われる、11回推薦された1位から7回推薦された5位までの書名を示すと、表12-3のとおりとなる。

　前述した広島大学の取組みを照らし合わせてみると、いくつかの相違点が浮かび上がってくる。まず、文学を読むことが奨励されている点である。表12-3にある『カラマーゾフの兄弟』と『罪と罰』

科目、領域科目、健康スポーツ科目からなる「共通科目」と、「専門教育との有機的関連性を持つ前専門教育として」の「基盤科目」の3つで構成される。「領域科目複合領域」は、「共通科目」の中の「領域科目」の1つであり、ほかに「人文科学領域」「社会科学領域」「自然科学領域」「外国語領域」「キャリア教育領域」が設けられている。「複合領域」には、文化人類学、睡眠と生活リズム、地域地理学、心理学、行動の科学などの授業が組み込まれているが、「名著との対話」はこれらと性格が異なっており、その教養教育上の位置づけを再検討する必要があろう。

第12章　読書指導と教養教育　　145

表 12-3 「ランキングリスト 66 冊」上位 5 位の 18 冊

1 位	『カラマーゾフの兄弟』『資本論』『定本 解析概念』
2 位	『方法序説』『プロテスタンティズムの倫理と資本主義の精神』
3 位	『定本 想像の共同体』
4 位	『オリエンタリズム』『科学革命の構造』『ファインマン物理学』
5 位	『罪と罰』『三国志』『歴史とは何か』『職業としての学問』『現代政治の思想と行動』『ゲーテ、エッシャー、バッハ』『理科系の作文技術』『種の起源』『利己的な遺伝子』

　のほかに、『ドン・キホーテ』も『ジャン・クリストフ』も、そしてまた、『それから』も『三四郎』も 66 冊の中に入っている。文学を読むことを促すのに加え、現代の教養に偏向せず、『資本論』をはじめ、66 冊のうち 20 冊ほどが「かたい」哲学書や思想書である。また、リベラル派の書物と中国古典が入っているのも広島大学と対照的なところである。前者としては、丸山眞男の『現代政治の思想と行動』（7 回推薦）と『日本の思想』（5 回推薦）があり、後者としては、7 回も推薦を受けた『三国志』と、5 回推薦を受けた『荘子』と『紅楼夢』、そして 4 回推薦を受けた『西遊記』の 4 点がある。

　ただし、先で指摘した欧米偏重という傾向は、相変わらずこの「ランキングリスト 66 冊」にも見受けられる。4 冊の中国古典と 17 冊の日本人によるもの以外の 3 分の 2 強は欧米の翻訳物である。「近代西欧の人文学についての知識や学識が、日本人の新しい教養とみなされ、高等文化の中核となっていった」（天野，1999：200-201）という日本近代史の事実からしては、欧米偏重というのはやむを得ないことかも知れない。

6　読書調査の結果が教えてくれるもの──むすびにかえて

　以上で触れた、広島大学で行われた教養教育の推進に伴う読書指導の意義を検討するにあたり、学生の読書活動のあり様を示す名著

認知度の調査が必要であろう。2013 年前期の授業では、広島大学と広島女学院大学の大学生 53 名に対する名著認知度の調査を行なった[2]。その調査項目と結果は表 12-4 のとおりである。

統計結果を見ると、おおよそ以下のようなことが言えよう。

(1) 『アンネの日記』『ガリヴァー旅行記』『鏡の中のアリス』などの外国文学作品の認知度が高いが、それは絵本や少年少女文庫などの簡略本を通して知ったと推測され、原作の読書経験は欠けている。

(2) 学生は『徒然草』『枕草子』『おくのほそ道』などの日本の古典も一応知っているが、初等教育と中等教育の国語、社会などの授業において得られた知識や、マスメディアを通してつかんだ情報のレベルに止まっている。

(3) 『風土──人間学的考察』『私の個人主義』『福翁自伝』などの日本の名著は、読んだり引用したりして吸収するどころか、その書名さえ知らない学生が多い。日本人としての「日本的教養」を身につける課題が残されている。

(4) 全体的に見ると、名著の読書経験が乏しい[3]。読解力や理解力とともに、引用力を含めた表現力の涵養が教養教育の中心問題として提起されるべきであり、「知」を教えること、さらに「知」から「用」へのシフトを大学教育全般の課題として認識しておかな

---

2 調査を行った広島大学は、1949 年に設置された国立総合研究大学であり、広島女学院大学は、1949 年に設立された私立キリスト教系大学である。大学の歴史や規模などからみると、2 つの大学は全国的にも突出しない平均的な教育機関とすることができる。また、学生の学習能力と学習意欲（いわゆる学力）にしても、国立大学 vs. 私立大学、総合大学 vs. 文系大学の性格より、一定の差異が存在すると見込まれるが、総じてみれば、この 2 つの大学は日本の大学の平均的な水準にあると思われ、本調査の結果はある程度の一般性が担保されていると考えられる。

3 『聖書』に関しては、半分もの学生が「少し読んだことがある」と答えただけでなく、「一通り読んだことがある」は 13％、「引用したり参考したりしたことがある」は 9％も占めるのは意外な結果だが、これは、ほとんどキリスト教系大学の広島女学院大学からの学生の回答だったのである。

第 12 章　読書指導と教養教育　　147

表12-4　37冊名著認知度調査の結果

認知度とその比率／書名	書名を知っている ○	内容を知っている ○	少し読んだことがある ○	一通り読んだことがある ○	引用したり参考したりしたことがある ○	番号
徒然草	98%	68%	79%	15%	15%	1
枕草子	96%	75%	85%	23%	13%	2
アンネの日記	96%	74%	51%	23%	4%	3
おくのほそ道	94%	72%	62%	15%	8%	4
ガリヴァー旅行記	94%	60%	40%	25%	2%	5
解体新書	92%	62%	8%	0%	0%	6
聖書	89%	64%	51%	13%	9%	7
ハムレット	85%	28%	11%	9%	2%	8
レ・ミゼラブル	83%	42%	17%	9%	2%	9
論語	74%	57%	45%	8%	8%	10
国富論	68%	26%	2%	0%	0%	11
種の起源	66%	42%	4%	0%	0%	12
鏡の中のアリス	64%	40%	25%	19%	4%	13
コーラン	64%	25%	6%	0%	0%	14
エミール	62%	13%	9%	2%	0%	15
ガンジー自伝	55%	13%	9%	2%	0%	16
自由論	53%	15%	0%	0%	0%	17
武士道	49%	23%	9%	6%	4%	18
戦争と平和	43%	15%	6%	0%	0%	19
方法序説	43%	9%	2%	0%	0%	20
モモ	40%	21%	15%	15%	0%	21
変身	34%	21%	15%	8%	0%	22
夜と霧	32%	15%	2%	2%	2%	23
ラッセル幸福論	32%	6%	2%	2%	2%	24
白鯨	26%	9%	4%	0%	0%	25
フランクリン自伝	25%	0%	0%	0%	0%	26
永遠平和のために	23%	6%	0%	2%	0%	27
民主主義と教育	23%	2%	0%	0%	0%	28
風土——人間学的考察	19%	9%	0%	0%	0%	29
カーネギー自伝	17%	4%	2%	0%	0%	30
偶然と必然	13%	2%	0%	0%	0%	31
私の個人主義	9%	2%	2%	2%	2%	32
シーシュポスの神話	8%	0%	0%	0%	0%	33
福翁自伝	6%	0%	0%	0%	0%	34
物理学はいかに創られたか	6%	0%	0%	0%	0%	35
ブッデンブローク家の人びと	4%	2%	0%	0%	0%	36
科学革命の構造	4%	0%	0%	0%	0%	37

ければならず、基本となる古典を知ることができるような選書の
バランスを保った読書指導が必要不可欠である。

　大学生の読書離れ、大学における教養教育の形骸化が叫ばれて久
しい。全国大学生活協同組合連合会で 2014 年秋に実施した調査の
結果によると、大学生の 1 日の平均読書時間は 31.7 分であり、0
時間の学生が 4 割も占めているという（当該連合会のサイトによ
る）。教養教育の実施を困難にさせた要因について、「何に役立つか
わかりにくい教養教育に邁進できるのは、よほど勉強好きの学生
か、何も考えずに目の前にある課題をまじめにこなす学生だけであ
ろう。（中略）そこでは学生たちは、自分がいま生きている狭い世
界を根拠に、勉強する・しないの価値判断や決定をしている。その
結果、価値がないと思うことには努力を傾けない、傾けられないと
いうことになる」という、書籍離れの学生側に問題の所在を探ろう
とする意見がある（溝上，2004：188）。一方、「古典学・人文学の
くびきから離れた新しい教養――それを形成するための一般教育の
むずかしさは、その開かれた性格にある。それは知の体系や社会構
造の変動・発展、さらには価値体系の変化や学生たちのニーズに応
えるべく、たえずその内容を問いなおされねばならない宿命を背
負っている」という、教養教育に内在する流動性、可変性に問題が
あるという主張も聞かれる（天野，1999：188）。そのいずれの問
題の解決にしても、学生に教養への関心を喚起させることも、教養
の中身を質的にも量的にも明示化することも可能な読書指導が要請
されよう。以上で検討してみた読書指導の実践が示すように、それ
がたとえ日本戦前期に存在した「古典学・人文学としての漢学に基
礎づけられた日本の支配階級の伝統的な教養」（天野，1999：182）
というようなものでなくとも。

【参考文献】
天野郁夫『大学――挑戦の時代』東京大学出版会、1999
小林康夫「大学教育の意味を再考する――大学で何を学ぶか」佐伯胖ほか編

『岩波講座 現代の教育 10 変貌する高等教育』岩波書店、1998

白井克彦『早稲田大学 世界への飛翔』東洋経済新報社、2003

寺崎昌男「日本の大学──歴史と改革課題」佐伯胖ほか編『岩波講座 現代の教育：危機と改革 10 変貌する高等教育』岩波書店、1998

丸橋唯郎『大学生の本音トーク』秋桜社、1998

溝上慎一『現代大学生論 ユニバーシティ・ブルーの風に揺れる』日本放送出版協会、2004

第13章

日本の国立大学における
教養教育の現状について考えること

布川　弘

はじめに

　2014年、広島大学の教養教育のある授業で、授業内容に不満をもった学生が大手新聞社にその不満を綴った文章を投稿し、新聞社がそれを記事として掲載して授業を批判するという事件が起こった[1]。管見の限りではあるが、そうした事件は日本史上初めてで[2]、私たちは有志で学問の自由を侵害する重大な事件であると警鐘をならした[3]。そして、この事件は、現在の日本の国立大学における教養教育が抱える大きな問題点を浮かび上がらせていると考えられる。

　事件を引き起こした学生は、きわめて強い「愛国心」をもち、当該授業は「反日的」で、そうした授業をする教員を税金で雇用するのはもってのほかであるという論理を振りかざしていた。その言い分は、衆議院議員が国会で取り上げ、新聞やネットを通じて素早く拡散していった。大学には、その主張に共鳴した人々から抗議電話が殺到し、授業を担当した教員にもさまざまな攻撃が繰り広げられ

1　詳しくは、崔真碩「産経事件と大学の危機」『現代思想』2014年10月号を参照。
2　滝川事件（1933年）など、特定の学説が攻撃されて教員が辞職に追い込まれることはあったが、学生が新聞社に訴えて、そこから大学への攻撃が行われたという事例は過去見られなかった。
3　「今を考える会」（http://gtti2014.wix.com/ima-wo-kangaeru）

た。大学の管理運営にあたる人々の多くは、攻撃された教員を擁護するよりも、授業の点検に目を向け、監督官庁や上位の部署の意向を忖度し、できるだけ「穏便」にことを済ませようとした。そこには学問の自由を守るという姿勢は微塵も見られなかった。教職員組合の中ですら、「政治にまきこまれるのはごめんだ」という理由で、学問の自由を守るための声明に反対する意見があり、その時点では声明が出せなかった。学問の自由を支える基盤は、すでに腐朽が進んでいることが、白日のもとにさらされたのである。

　こうした状況は、グローバル資本主義の発展という社会の激しい変化によって引き起こされたもので、歴史の巨大な流れの中で起こったものである。学生にとって、大学で提供される教養教育の授業は、商店で提供される商品と同じようなものになっており、クレームの対象になるということが第1にあげられる。学生は消費主体として教室に現れ、絶対者として商品を選ぶように授業を聴講する。第2に、消費主体＝絶対者であるという意識が、絶対的で神聖な存在としての国家＝政府を指定することで支えられているケースが、無視できないぐらい多く見うけられるようになったことがあげられる。第3に、こうした変化がグローバル資本主義の中で国家の株式会社化が進められる過程で生じていることが考えられる。

　日本の国立大学における教養教育の現状を考える場合、こうした社会の変化の中でとらえることが重要であると考える。本章では、具体的な事例に基づきながら、社会の変化と教養教育のあり方との関わりを考察してみたい。

1　商品交換の関係 [4]

1-1　カンニング

　筆者は20年近く広島大学で教養教育科目を担当し、広島大学に

4　本稿における消費主体として学生、株式会社化する社会というとらえ方は、内田樹『下流志向——学ばない子どもたち、働かない若者たち』（講談社文庫、

おける教養教育全体の運営に責任を負う立場に立ったこともある。1つの国立大学という狭い範囲での体験ではあるが、現在の教養教育が抱える問題点を浮かび上がらせるような、興味深い体験をしてきたので、そのいくつかを紹介し、問題点を考察してみたい。

　近年、学期末の定期試験の際に学生のカンニングが目立つようになり、大学全体としてカンニング取り締まりを徹底するように注意が促され、いくつかの対策がとられるようになった。ここで筆者が取り上げるのは、工学部で起こったカンニングの事例である。カンニングは工学部での専門科目の試験で発生したが、教養教育との関わりが問題にされた。当時の工学部長が私の所属する総合科学部を訪れ、学部長と私はカンニングを行った学生の陳述書のようなものを見せられた。広島大学では、総合科学部が教養教育の主要な部分を担っているのだが、そうした状況の中で、工学部でカンニングをした学生たちは、自分たちが専門科目の試験でカンニングを行ったのは、教養教育でカンニングが見逃されていたからであるという趣旨のことを述べていた。

　カンニングは教養教育のやり方に原因があるという主張であるが、ここで筆者が最初に驚いたのは、学生たちがカンニングを自分たちの責任とはとらえず、他人の責任にしていたことである。罪悪感がほとんど感じられず、おそらく教養教育を担当していない工学部の教員の「共感」を勝ち取るべく、教養教育の問題にしたと考えられる。工学部長は私たちに特段の措置を要求しなかったが、陳述書を見せた意図は、明らかに私たちの「善処」を期待したからにほかならない。

　広島大学の教養教育では、カンニングが発覚した場合、その学生が履修した学期のすべての科目の単位が取り消されるというペナルティがある。カンニングをした学生に退学処分を課す大学もあるので、決して厳しいペナルティではないが、学生にとっては十分な

2009）に学んでいる。

第13章　日本の国立大学における教養教育の現状について考えること　　153

打撃になるはずである。ところがあるとき、カンニングが発生した学生について、生物生産学部の当該学生のチューターから、「全単位を取り消す」という措置を真面目にやるのかという問い合わせがあった。どうも真面目にやるはずがないと思っていたらしい。その裏には、「まさか教養教育で」という認識がある。ペナルティが抑止力として機能していないことを物語る事例である。

1-2 営業利益と単位

あるとき、歯学部の学生の保護者から、大学に申し入れがあった。その学生は教養教育の単位を落とし、次の学期には遠隔地にある歯学部キャンパスに移動して専門科目の勉強をするはずであったが、そこでその教養教育の単位を取得することが不可能なので、留年せざるを得ないという話であった。そこで注目すべきには、保護者の次のセリフであった。つまり、仮に落とした科目の単位を取るために1年留年した場合、歯医者の開業が遅れ、当然得るはずであった利益約2千万円がふいになるので、何とか落とした科目の成績訂正をして単位を取らせて欲しいと要求してきたのである。営業利益という観点から見た場合、まことに筋の通った話ではある。しかし問題は、保護者およびその学生が、教養教育科目の単位を履修できなかったということについて、まったく気にも留めていないということである。担当の職員の方と私は呆れはててしまい、しばし茫然とするしかなかった。

そういえば、同じ歯学部に新学期の1年生向けの教養教育ガイダンスに出向いた際、私が会場に入って間もなく、1人の歯学部の教員が、「教養教育は皆さんにとって障害でしかない」「それよりも歯の削り方などを早く学んだ方がよい」と高らかに発言した。大変正直なご意見として受け止めた。前述の保護者の意識とほぼ同じであろう。新入生ガイダンスという公式の行事の際に、教養教育の意義が否定された重要な場面であった。

1-3　商品としての授業

　以上のような事例から、学生が商品としての授業を購入・消費する主体として、教室に現れていることが分かる。学生は授業を履修する際、できるだけ労力をかけずに快楽を得ることを目指す。であるから、授業中に当てられて発言を求めることを嫌がるし、講義の概要のプリントを配ると、メモを取らない。できるだけ手間をかけたくないのである。カンニングはその極致であろう。ある大学で単位を落とした学生が、担当の教員にツイッターで「一所懸命隣の人の答案を見て書いたのに、なぜ落としたのですか」と呟いた。学生にとっては、カンニングすら手間と受け止められている。

　学生は、マーケットで品物を買うお客さんと一緒で、消費主体として絶対者である。それゆえ、あらかじめ授業料を支払っているのに、それに見合う講義を行っていないという不満を訴えるケースがある。国立大学における授業料は提供されるサービスの代価として要求されているわけではない。その発想で仮にサービスに基づいて授業料を算定すると、理学部や工学部などの理系学部では学生一人あたり年間 140 万円、医学部では 400 万円ほどいただかないと割に合わないことになる。そして、国立大学の経費の 4 割は運営費交付金＝税金でまかなわれている[5]。商品交換の原則をそのまま適用できないのが国立大学であることがまったく認識されておらず、きわめて偏狭な見方と言わざるを得ない。しかし、学生も保護者も商品交換の原則を崇めて譲ろうとしないのである。

2　グローバル資本主義と教育

2-1　全身就活

　学生が消費主体として教室に現れるという事態は、グローバル資本主義の発展のもたらした結果と考えられる。大内裕和氏は、最近

5　東京大学（http://www.u-tokyo.ac.jp/content/400004552.pdf）

の学生の就職活動を「全身就活」と称した[6]。すなわち、学生生活のすべてを就職活動に捧げる姿をしてそのように呼んだのである。

日本経済が退潮期に入り、雇用が非正規雇用主体に変化するにつれ、相対的に安定していると見られる正規雇用への就職が難しくなってきた。学生たちが必死で就職活動を行うのは、冷酷な現実がある。それに応じて大学教育も対応を変化させるようになり、就職活動によって定期試験を受験できない学生のために、追試やレポートなどの特別措置を講じることは当たり前のことになっている。教養教育の単位をそろえていない4年生の場合、就職活動で教養教育の授業に出席できないのは当然であるという風潮が定着しつつあり、その上に試験さえ受験できずに、特別措置を求めるというケースが目立つようになった。これは専門の授業でも同じ傾向が目立ってきているようである。

先日、私が担当する教養教育の授業で、見知った4年生の顔を見つけた。受講生200人以上で、ほとんどが1年生と2年生で、しかもあと1回で授業終了という時期に、初めてその顔を見つけたので、余計に目立った。授業後に「この単位必要なのか」と声をかけたら、「教職のためにどうしても」という答えが帰ってきた。就職のために、授業に出ずに単位を取ることが、当たり前のことと認識されているのである。教養教育の場合、とりわけ人文・社会系科目に特にそうした傾向が強いように感じる。

2-2 株式会社をモデルとする社会

全身就活で求めるものは、一流企業、しっかりした株式会社である。金融のグローバル化によって投資がグローバルとなり、株式市場が活性化するにつれ、日本の企業は多くの外国人投資家を抱える株式市場を常に意識せざるを得なくなり、3か月単位での利益率で縛られるようになった。3年間で約1,500億円にも及ぶ粉飾決算が

6　大内裕和・竹信三恵子「対談『全身就活』から脱するために」『現代思想』2013年4月号

明らかになった東芝に見るように、利益率は経営者を狂気に駆り立てている。株式の持ち合いでグループ企業が長期的な視点で戦略を考えられた時代が懐かしいが、それを破壊したものこそがグローバル化である。

　企業社会に生きる国民が増えるにつれ、株式会社が社会のモデルであると考える国民が増えるのは自然なことであり、しかも、投資家や経営者の視線で社会をとらえる国民が増えてきた。学生も例外ではない。投資家や経営者の意向を忖度して、就職活動を行う学生たちは、涙ぐましい努力をしている。髪型や服装は言うに及ばず、面接での発言の仕方、態度など細かな点まで学習する。彼らにとって、それは強いられた学習である。

　大学運営において大きな権限を握る経営協議会では、人文・社会系の学問など役に立たないという発言が目立つようになってきた。そうした風潮の中で、2015 年 6 月 8 日、文部科学省は国立大学の中期目標を作成する際の留意点として、「教員養成系や人文社会系の学部・大学院については、組織の廃止や社会的要請の高い分野への転換に積極的に取り組むよう努めること」という通達を出した。それに対して同年 9 月 9 日、経団連は財界の要求がそのような通達を出さしめたわけではなく、「かねてより経団連は、数次にわたる提言において、理系・文系を問わず、基礎的な体力、公徳心に加え、幅広い教養、課題発見・解決力、外国語によるコミュニケーション能力、自らの考えや意見を論理的に発信する力などは欠くことができないと訴えている」とする提言を発表した[7]。経団連の公式見解と、国立大学法人の役員になっている経営者の意見はかなり違うようであるが、国民の多くは役員になっている経営者の意見に賛同するであろうし、学生の多くもそうである。

　つまり、経団連の見解に見るように、企業が求める人材の具体的な姿はきわめてあいまいなのであり、学生や保護者が求めているの

7　経団連「国立大学改革に関する考え方」（http://www.keidanren.or.jp/policy/2015/076.html）

第 13 章　日本の国立大学における教養教育の現状について考えること　　157

は、企業の意向を忖度しつつ、すぐ利益になって帰ってくるもの、見えるものなのであり、それをできる限り手間暇をかけずに得ることなのである。国民そのものが株式会社化していると考えると分かりやすいかもしれない。

3　国家の行方と教育

3-1　株式会社化と国家主義

　株式会社があるべき社会であるという観念は、国家のあり方にも影響していく。日本では8世紀初頭に領域国家が成立し[8]、早くから中央政府そのものが国家と観念され、その支配は歴史的に強力であり続けた。現在、国家そのものを株式会社にしていく傾向がより強まり、意志決定の一元化やスピードアップが推奨され、一方で、国民の「社畜」化が強力に進められている。株式会社の経営トップは早い意志決定が求められ、社員は決定にひたすら従順であることが求められる。国家はそうした組織のアナロジーとして認識されるのである。

　強力な国家支配のもと、人々は中央政府に従順であることが求められ、また、従順さを競いながら政治的に抗争したり、自己の地位を安定化させたりする行動が積み重ねられてきた。中央政府に従順であるという歴史的に培われてきた人々の心性は、株式会社が社会のモデルとなるうえで有効であったと考えられる。「社畜」は国民の理想像にすんなりおさまることになった。

　この「社畜」化の一環として、学校教育がきわめて大きな役割を果たしており、政府もそのように学校教育を位置付けている。国旗掲揚・国家斉唱を促すなどの動きは、そうしたことをよく物語っている。下村博文文部科学大臣（当時）は、2015年6月16日に国立大学長会議において、大学の入学式や卒業式において国旗を掲揚

8　吉田孝『日本の誕生』岩波書店、1997

し、国歌を斉唱することを要請した[9]。学習指導要領に国旗を掲揚して国歌を斉唱するよう指導することが明記されており、小中学校ではすでに100％の学校で実施されている。国立大学がすべてこの要請を受け入れれば、ほぼすべての公立・学校で国旗掲揚・国歌斉唱が実施されることになる。もちろん、こうした文科省の要請は違法ではないが、国家を国旗や国歌などのシンプルな象徴で代表させ、その拝礼や称揚を要請することは、異なる価値観をもつ多様な国民が構成している国家において、国民が多様な立場から国家を受け止め、国家を愛するロジックを形成していくうえで、きわめて乱暴な行為であり、愛国心の醸成には逆行する。にもかかわらずあえて要請することは、個々の国民が国家のあり方を考えるべきであるという手順を無視して、身振り手振りのみで国家＝中央政府への従順さを要求することにほかならない。

国＝中央政府に従順であることが、教育の中心目標となり、学校や教師に従順であることはそのアナロジーであり、進学で参考とされる調査書の主な評価基準はそのことに置かれる。おのずから、高等学校までの間に、政府、ないしは「お上」に従順な姿勢を示しておけば安全であるという態度が身につき、国＝中央政府を神聖化・絶対化して、それに臣従する自己に陶酔する人々を増産しつつある。この場合、国を愛するとは、神聖な存在としての国家に服従する、そうした自己の姿に陶酔し、それを愛することにほかならない。

従来から帰属集団への従属は日本社会の特徴であり、地縁・血縁、学閥などを基礎とする郷党社会が国家を構成する社会の基本単位として機能してきた。国立大学の場合、教員のほとんどがその大学の出身者が占める状態が目立ち、9割の教員が自校・自学部出身者であることを誇る学部などが公然と存在する。ノーベル賞の受賞を大学単位で支援して必死に争うなどの事例は、欧米では見られな

9　産経新聞2015年6月16日付（http://www.sankei.com/life/news/150616/lif1506160020-n1.html）

い。国民の目標はできるだけ有力な学閥に帰属することであり、そのための受験競争であった。おのずと、大学関係予算のかなり部分が充当される特定大学の学閥が人気となり、その維持と再生産にかけるエネルギーがすさまじいものとなった。

　この学閥支配の傾向は依然として衰えていない。むしろ、有力学閥を目指す競争は強化され、子どもたちは幼稚園や小学校から激しい競争に晒される結果となっている。「社畜」化をめざす動きと連動して競争の社会的基盤が広がった結果、子どもたちは過酷な環境に苛まれることになった。1990年代以降、小・中学生の自殺率が上昇し、その原因は学力不振や入試の悩みが多い[10]。また、2013年度のいじめの「認知件数」は、18万5,000件に及ぶ[11]。いじめが入試競争を原因とするかどうかについては検討が必要であるが、過酷な環境という点で無視できない。企業社会のメンバーとなるため、あるいは学閥に代表される「村社会」のメンバーとなるため、教育現場では、人間関係を円滑にするためのさまざまな作法に熟達する必要があり、子どもたちは多くのエネルギーをそれに費やす結果になっていることは間違いない。そうした所作から外れる行為は厳しく指弾され、集団から排除される。

3-2　国体の構造と国民の心性

　国＝中央政府の神聖化・絶対化、およびそれに徹底的に服従する姿勢は、戦時中における「国体」の崇拝と政府への絶対服従と同種のものである。こうした観念は、明治維新、あるいは日清戦争以来の歴史を背景に、「アジアの盟主」という観念に支えられ、現在の「嫌韓・嫌中」意識につながっていると考えられる。そのような観念からすれば、明治維新以後現在に至るまで、国＝中央政府に指導

10　舞田敏彦「データで読み解く DUAL な疑問」(http://dual.nikkei.co.jp/article.aspx?id=3658&page=1)
11　産経新聞 2014年10月16日付 (http://www.sankei.com/life/news/141016/lif1410160031-n1.html)

された日本は神聖であり、無謬でなければならない。極東国際軍事裁判（東京裁判）で提起され、中国や韓国をはじめ各国から指弾される日本の戦争責任は、意識的に軽減され、敗戦は否定されることになる。しかし、敗戦後アメリカが天皇に代わって「国体」の中心にすわり、戦前の政治指導者がアメリカのお陰で政治的な地位を保証されてきたこともあり、対米従属と敗戦の否定が両立し、むしろ、日本の政治指導者が敗戦を否定したいがためにアメリカに従属するという構図が成り立つことになる[12]。

　少なくとも軍事が他国から支配されていれば[13]、それは立派な傀儡国家であり、通常そうした状態は国民の強い反発を招く。ところが、日本ではそれが大衆的に受け入れられている。そのことはきわめてユニークであり、歴史上でもきわめて稀有な例である。なぜそうしたユニークな国家として存在できているのか、その理由は、日本がいかなる国家であるかという国民的な合意がないからであろうと考えられる。中央政府に従順であるという身振り・手振りが好ましく受け止められ、国＝中央政府の神聖化・絶対化を求めるという心性は、中央政府がいかなる性格の政府かを問わないし、いかなる国家かも問わない。傀儡政権であってもさしたる抵抗がないのである。

　前述したように、子どもたちは「社畜」化のための所作を学校で身体に刻み込まれ、それが国家主義の基盤になっている。そして、国＝中央政府への従属、「社畜」化のための所作を身体に刻み込んでいく行為は、同時に自主的な判断や自主的な考察を否定する行為でもある[14]。ところが、そうした自主的な考察を否定して成り立つ教育、そしてその中での激しい競争、学閥への参加、「社畜」化というルートは、決してさまざまな能力の発達を保証するものではない。学閥支配の頂点にのし上がったはずの新卒者が、官庁や民間企

12　内田樹・白井聡『日本戦後史論』徳間書店、2015
13　村田良平『村田良平回想録』上巻、ミネルヴァ書房、p.84、2008
14　白井聡『永続敗戦論——戦後日本の核心』太田出版、p.183、2013

第13章　日本の国立大学における教養教育の現状について考えること

業でさっぱり役に立たないという事態が、かなり以前から見受けられるようになっている。筆者の周囲で起こった事例から判断すると、早くから消費者として主体形成してきた子どもたちは、就職した後、これは自分がやるような仕事ではない、俺はこんなものではないという意識をもつ傾向が目立つ[15]。つまり、商品所有者として絶対者としての振る舞いになれた人々は、自己評価がきわめて高い傾向を見せるのである。

　また一方で、本来、官庁や民間企業は官僚機構でありながら、多様な人材を必要としており、特定の所作のみに秀でた人物を必要としているわけではない。したがって、グローバル資本主義に対応して登場してきた「社畜」化の動きは、官庁や民間企業を破壊する動きである。ファシズムは既存の行政機構を破壊するところに特徴があるならば[16]、まさにそれと類似の動向と見ることができる。

おわりに——大学でできること

　国立大学は、広く人類の文化の継承発展を担っているが、国民の負担する税金を財源として運営されている以上、国家・国民への奉仕を任務とするのは当然という意見が強くなっている。戦前の帝国大学が「国家枢要の人材」を育成することを目標としたように、国立大学に勤務する私たちは、国家への貢献を求められている。筆者は、国立大学が学問研究と市民の育成を担うという点で、人類全体への奉仕が主要な任務であると考えているが、百歩譲って国家への奉仕を任務としているとした場合、その場合の国家とは何か。答えは簡単明瞭である。日本という国家の基本原理は日本国憲法に規定されているので、この場合の国家とは日本国憲法そのものでなければならない。したがって、国を愛するとは、日本国憲法を護ること

15　内田、前掲書を参照。
16　片山杜秀『未完のファシズム——「持たざる国」日本の運命』新潮社、2012、同『国の死に方』新潮社、2012

であり、それこそが最も重要な国家への貢献と考えられる。

　近代国家はまったく価値観の異なる人々が平和に過ごすために形成され、その基本原理は憲法に規定されている[17]。教養教育が社会の担い手となりうる市民を養成するものであるとすれば、日本国民としての役割が期待される市民は、日本国憲法を熟知していることが必要条件となる。そうした観点から、大学における教養教育の中に、必ず日本国憲法の授業が開講されている。しかし、それを受講する学生たちは、教職科目として教員採用試験に必要であるから、あるいは公務員試験に必要であるから履修していて、教員や公務員の条件としてなぜ憲法があるのかを考えてはいない。

　言うまでもなく、他の教養教育科目も憲法を踏まえた授業でなければならない。教員は自由に講義を提供する権利があり、学生はそれを自由に批評することができる。もちろん、講義の内容を外部のメディアに依頼して不当に攻撃し、教員の罷免を求めるなど、きわめて不当な行為であることは、このような観点から言うまでもない。教育の「公正中立」を掲げて教育内容に介入することも、きわめて深刻な問題である。ましてや、官庁の意向を忖度して、そうした学問教育の自由の侵害に対して、何らの抗議もしない、あまつさえ担当教員を処罰するなどは、憲法に照らして言語道断というべきであろう。

　残念ながら、こうした言語道断の行為が、株式会社化を求められる国立大学でまかり通っている。アメリカの「召使い」としての日本政府という強大な権力を前に、戦時中のように大学をはじめとする国立公立学校は政府の意向の忖度に躍起になっている。また、株式会社を秩序の基本と考える学生や保護者、そして他の国民も株式会社化を歓迎している。そうした中で、株式会社の枠の外にある公共性、市民社会を担うべき市民を養成するための教養教育を、現在の学校で成立させることはおよそ不可能である。市民社会の担い手

17　長谷部恭男『憲法とは何か』岩波書店、2006

を育成する教養教育は、学校の外でのみ成立する可能性がある[18]。株式会社化から外れた人々こそが教養を支えるのであり、市民たり得るのである。

　日本では現在ファシズム化が進行し、間もなく戦争が社会を揺るがすことになるであろう。「国体の精華」が発揮され、すさまじい破壊が進む中で、教養を育む自由な空間をどの程度守ることができるか、今後の教養教育はその点にかかっている。

18　『朝日新聞』2015 年 8 月 21 日付で、東浩紀氏は、「人文知は、趣味として生き残ればいい」と述べているが、その発言の背景には国立大学における教養教育を含む人文知について、可能性を見出すことができないをという感想があるように思われる。

あとがき

　「まえがき」で述べられているとおり、本書は、広島大学大学院総合科学研究科内で組織されている教養教育研究開発プロジェクト（21世紀科学プロジェクト群）に参画しているメンバーが執筆した論考からなる。各メンバーの専門領域や研究対象とする地域はそれぞれ異なっており、また、メンバーは一部のものを除いて教育学を専門としているわけではない。しかしながら、ほぼ全員が広島大学における1、2年次の教養教育を担当しており、教育の現場に立つ者として誰もが教養教育や高等教育に対して強い関心をもっている。

　本プロジェクトでは、各メンバーが研究対象としている地域の高等教育について、それぞれの関心から調査研究を進めてきた。そして、各自の調査研究は、年2回の研究会を通じてメンバーの間で共有され、我々は、日本を含めた世界各地で行われてきた高等教育の歴史や現状について、また、それが抱える現在のさまざまな問題について学んできた。その中で、経済の論理とグローバル化に翻弄される世界の高等教育の姿を知り、ここ20年ほどの間に急速に変容していく日本の高等教育との共通の問題を確認することになった。そして我々は、広島大学あるいは日本の大学の教養教育や高等教育の抱える問題について、危機感や時として怒りをもって議論を重ねてきた。本書は、こうした協同の作業による成果の一部である。

　「叢書インテグラーレ創刊の辞」で元研究科長である佐藤正樹先生は、"異分野間の協同と研究分野の枠組の突破は、「教養」というエネルギーがなければ実現しない"と述べ、「教養」の力がいかに重要であるかを力説された。その「教養」とはどのようなものであり、それを身につけるべき教育は果たしてどうあるべきか。フン

165

ボルトの夢は本当に悪夢となってしまうのか、そうならないために我々に何ができるのか、専門分野の異なるもの同士が集う本プロジェクトにおいて、あるいは実際の教育の場において、問題意識を共有する同僚や学生らとともに、今後も試行錯誤をしながら協同の作業を継続したい。

　本書の刊行にあたっては、広島大学大学院総合科学研究科、および同出版・広報委員会にその機会を与えていただいた。また、編集作業においては、丸善出版の加藤祐子氏と柳瀬ひな氏にお世話になった。関係の皆さまに感謝申しあげたい。

　2016 年 1 月

教養教育研究開発プロジェクト代表
青 木 利 夫

■編者・執筆者紹介■

【編　者】（執筆順）

平手友彦（ひらて・ともひこ）　広島大学大学院総合科学研究科教授。1960 年生まれ。大阪大学大学院言語文化研究科博士課程単位取得退学。フランスルネサンス文学・文化論・書物の文化史。著書に『21 世紀の教養 5 知の根源を問う』（共編）培風館、『アミティエ』（共著）白水社、論文「フランソワ 1 世治下のパリのブルジョワ日記（前・後）」など。〔まえがき、1 章〕

青木利夫（あおき・としお）　広島大学大学院総合科学研究科教授。1964 年生まれ。一橋大学大学院社会学研究科博士課程単位取得退学。メキシコ教育社会史。著書に『20世紀メキシコにおける農村教育の社会史——農村学校をめぐる国家と教師と共同体』溪水社、『生活世界に織り込まれた発達文化——人間形成の全体史への道』（共編）東信堂など。〔9 章、あとがき〕

【執筆者】（執筆順）

FUNCK, Carolin（ふんく・かろりん）　広島大学大学院総合科学研究科教授。フライブルク市（ドイツ）生まれ。フライブルク大学地学部人文地理学研究所博士課程修了。人文地理学・観光地理学。著書に、*Living Cities in Japan*（共編）、*Tourismus und Peripherie in Japan*、*Japanese Tourism*（共著）など。〔2 章〕

吉満たか子（よしみつ・たかこ）　広島大学外国語教育研究センター准教授。1967 年生まれ。大阪外国語大学大学院ドイツ語専攻科修士課程修了。ドイツ語教育。NHK（E テレ）『テレビでドイツ語』の番組監修、テキスト執筆および講師を 4 期務める。著書に『あいさつはグーテンターク！——なんとかなりそうドイツ語会話』など。〔3 章〕

隠岐さや香（おき・さやか）　広島大学大学院総合科学研究科准教授。1975 年生まれ。東京大学大学院総合文化研究科博士課程満期退学。科学技術史。著書に『科学アカデミーと「有用な科学」——フォントネルの夢からコンドルセのユートピアへ』名古屋大学出版会など。〔4 章〕

市川　浩（いちかわ・ひろし）　広島大学大学院総合科学研究科教授。1957 年生まれ。大阪市立大学大学院経営学研究科博士課程単位取得退学。科学技術史。著書に『科学の参謀本部——ロシア／ソ連邦科学アカデミーに関する国際共同研究』（編著）北海道大学出版会、『冷戦と科学技術——旧ソ連邦 1945 ～ 1955 年』ミネルヴァ書房など。〔5 章〕

福留東土（ふくどめ・ひでと）　東京大学大学院教育学研究科准教授。1971 年生まれ。広島大学大学院社会科学研究科博士課程修了。比較大学論・大学史。著書に、*The Changing Academic Profession in Japan*（分担執筆）Springer、『高等教育質保証の国際比較』（分担執筆）東信堂など。〔6 章〕

吉田香奈（よしだ・かな）　広島大学教養教育本部准教授。1971 年生まれ。広島大学大学院教育学研究科博士課程単位取得退学。教育行政学・高等教育論。著書に『新・教

育制度論——教育制度を考える 15 の論点』(分担執筆) ミネルヴァ書房、『教育機会均等への挑戦——授業料と奨学金の 8 カ国比較』(分担執筆) 東信堂など。〔7 章〕

的場いづみ（まとば・いづみ） 広島大学大学院総合科学研究科准教授。東京女子大学大学院文学研究科修士課程修了。アメリカ文学・文化論。著書に『ターミナル・ビギニング—アメリカの物語と言葉の力』(分担執筆) 論創社、『カウンター・ナラティヴから語るアメリカ文学』(分担執筆) 音羽書房鶴見書店など。〔8 章〕

長坂　格（ながさか・いたる） 広島大学大学院総合科学研究科准教授。1969 年生まれ。神戸大学大学院文化学研究科博士課程単位取得退学。文化人類学・移住研究。著書に『国境を越えるフィリピン村人の民族誌——トランスナショナリズムの人類学』明石書店、*Mobile Childhoods in Filipino Transnational Families*（共編）Palgrave Macmillan など。〔10 章〕

荒見泰史（あらみ・ひろし） 広島大学大学院総合科学研究科教授。1965 年生まれ。復旦大学中国語言文学系修了。東アジア研究・宗教文化研究・敦煌学。著書に『敦煌変文写本的研究』中華書局、『敦煌講唱文学写本研究』中華書局、『シルクロードの来世観』勉誠出版など。〔11 章〕

盧　濤（ろ・とう） 広島大学大学院社会科学研究科教授。1960 年生まれ。神戸大学大学院文化学研究科博士課程修了。言語学。著書に『中国語における「空間動詞」の文法化研究——日本語と英語との関連で』白帝社、『日本語の分析と言語類型』(分担執筆) くろしお出版、『南腔北調論集——中国文化の伝統と現代』(分担執筆) 東方書店など。〔12 章〕

布川　弘（ぬのかわ・ひろし） 広島大学大学院総合科学研究科教授。1958 年生まれ。神戸大学大学院文化学研究科博士課程単位取得退学。日本史学。著書に『神戸における都市「下層社会」の形成と構造』兵庫部落問題研究所、『近代日本社会史研究序説』広島大学出版会、『平和の絆——新渡戸稲造と加川豊彦、そして中国』丸善出版など。〔13 章〕

世界の高等教育の改革と教養教育

フンボルトの悪夢　　　　　　　　　〈叢書インテグラーレ014〉

平成 28 年 2 月 29 日　発　行

編　　者　広島大学大学院総合科学研究科

責任編集　青　木　利　夫
　　　　　平　手　友　彦

発 行 者　池　田　和　博

発 行 所　丸善出版株式会社
　　　　　〒 101-0051 東京都千代田区神田神保町二丁目 17 番
　　　　　編集：電話（03）3512-3264／FAX（03）3512-3272
　　　　　営業：電話（03）3512-3256／FAX（03）3512-3270
　　　　　http://pub.maruzen.co.jp/

© Hiroshima University, Graduate School of Integrated Arts and Sciences, 2016

組版印刷・株式会社 日本制作センター／製本・株式会社 星共社

ISBN 978-4-621-30022-0 C1337　　　　Printed in Japan

JCOPY 〈（社）出版者著作権管理機構 委託出版物〉

本書の無断複写は著作権法上での例外を除き禁じられています．複写
される場合は，そのつど事前に，（社）出版者著作権管理機構（電話
03-3513-6969，FAX03-3513-6979，e-mail：info@jcopy.or.jp）の
許諾を得てください．

叢書インテグラーレ創刊の辞

佐藤　正樹

科学は専門分野をもち、それを細分化し、細分化したものをさらに細分化させてきた。その傾向は今やますます顕著になっている。

他方、そうした細分化された研究を、あるいは融合させる試みや、細分化された個々の研究分野のあいだに新しい研究分野を発見する「学際」研究への努力も続けられてきた。従来の研究手法では太刀打ちのできない現代の難問は、これらの真剣な努力がなければ、われわれの手をすり抜け生きのびてしまうであろう。

「総合科学」は狭義の専門研究体制にたいするアンチテーゼとして提案され、学部の呼称として選ばれてより三十年を閲した。これを契機として、個々の研究者の「総合」への努力と、異なる研究分野の協同の試みとを、できるだけ平易にご紹介するために「叢書インテグラーレ」を創刊する。ラテン語の「インテグラーレ integrare」は「修復する」「完全なものにする」「より大きな全体のなかに組みこむ」の意であり、学部の欧文名称にも用いられてきた。

ところで、異分野間の協同と研究分野の枠組の突破は、「教養」というエネルギーがなければ実現しないことである。教養の支えなくしては協同も突破もありえない。異分野への強い思いは想像力によって運ばれるが、想像力をたんなる無秩序なエネルギーとしないためには、これを秩序づける「教養」の力がなくてはならない。教養は想像を秩序づけ、異分野を結び、「総合」を創造的なものに変えていく。

この意味において、本叢書は大学の教養教育などの場でもテクストとして使用できるよう工夫しているが、むしろそれ以上に、現代において「教養とは何か」「教養の意味とは何か」という切実な問いにたいする解答の試みであり、教養復権の書でもあると自負している。多くの読者にご覧いただき、ご批判をたまわれば幸いである。

本叢書は、広島大学総合科学部創立三十周年を契機として創刊されるが、この学部はいわゆる専門教育だけでなく、広島大学における教養教育のほとんどを担ってきた。それゆえ、狭い研究分野の突破、異分野の協同という横軸はいうに及ばず、教養教育と専門教育と、さらには大学院教育とを連結、融合させるという縦軸においても、「総合科学」を実践してきた。その実践記録がこの叢書のもう一つのメッセージである。

われわれの提案が幸運にも広く迎えられ、「総合科学」への理解が深まり、これをあいことばとして多くの人が結ばれるのにこの叢書が役立つならば、叢書の目的は達成されたのである。